JOHANNES NEUMANN

# MENSCHENRECHTE – AUCH IN DER KIRCHE?

JOHANNES NEUMANN

# MENSCHENRECHTE – AUCH IN DER KIRCHE?

«Die Kirche fühlt sich selber verletzt, wenn die Menschenrechte – wie und wo auch immer – mißachtet oder übertreten werden.»
*Paul VI.*

BENZIGER VERLAG

GESAMTHERSTELLUNG: CLAUSEN & BOSSE, LECK
ISBN 3 545 24048 7

# INHALT

# EINLEITUNG

*Kirche* und *Recht* scheinen auch heute noch für viele zwei einander ausschließende Begriffe zu sein: Der *harten* Rechtskirche wird die *gütige* Liebeskirche gegenübergestellt. – Ein solches Denken ist jedoch ebenso unbiblisch wie ungeschichtlich; es paßt nicht zum Christentum. Der Kirche sind rechtliche Strukturen und rechtliches Denken wesentlich, weil das Recht zum Menschen gehört. Unrecht breitet sich besonders gern unter dem Mantel der Liebe aus. Wieviel Herrschsucht und Gewalttat verbirgt sich oftmals unter dem Vorwand, nur das Beste für Gott oder den Nächsten zu wollen und nur die «reine» Wahrheit zu *lieben*. Im Namen einer selbstsüchtigen Liebe wird die Freiheit des anderen beschnitten, seine Würde verachtet.

So hat das Wort vom Vorrang der Liebe über das Recht in den verschiedensten Formen auch in der Kirche dazu herhalten müssen, Macht und Herrschsucht zu übertünchen; es hat sich gleichsam «hinterrücks» und unter vielerlei Vorwänden auch in der gesetzlichen Ordnung der Kirche etabliert und oftmals gerade zur «Verhärtung» des Rechts geführt. Wenn nämlich das Recht in Anspruch nimmt, Ausdruck der Liebe zu sein, maßt es sich zu leicht an, das Unbefehlbare erzwingen zu wollen: es wird dann selber zur *ungerechten*, weil von der Gerechtigkeit nicht mehr legitimierten Zwangsordnung. Dabei wird dann nicht selten die Stiftung durch den Herrn, das sogenannte göttliche Recht und die wesentliche Eigenart der Kirche beschworen, um bestimmte Normen zu rechtfertigen.

Umgekehrt wird heute mit der gleichen Begründung vielfach versucht, die Durchsetzung und Beachtung der sogenannten *Menschenrechte* in der Kirche als für diese Gemeinschaft eigener Art nicht passend abzulehnen.

Andererseits hat die Kirche in den letzten Jahren mehrfach nachdrücklich von den Verantwortlichen der Staaten die Achtung der Menschenrechte und der Würde der menschlichen Person gefordert. Darum stellt sich die Frage, ob und in welchem Maß diese Rechte in der Kirche gesichert sind und wie sie gegebenenfalls in ihr verwirklicht werden können. Damit das Gesagte sich nicht im Abstrakten verliert, soll versucht werden, die Verwirklichung bzw. die mangelnde Sicherung dieser sogenannten Menschenrechte in der Kirche an Hand der Ordnungen für Lehrbeanstandungsverfahren vor der Glaubenskongregation und der Deutschen Bischofskonferenz zu überprüfen.

Die hier vorgelegten Gedanken sind ein erster Versuch. Sie beanspruchen keine Vollständigkeit, sondern wollen lediglich Anstöße vermitteln, die angesprochenen Fragen weiter zu denken.

Kusterdingen bei Tübingen, 25. Juli 1975

Johannes Neumann

# I. MENSCHENRECHTE – AUCH IN DER KIRCHE?

## A. ZUR FREIHEIT BERUFEN

Alles Recht mußte gegen Un-Recht vom Menschen erkämpft werden. Ja, Recht erweist Wert und Sinn im Widerstand gegen das Ungerechte, gegen die Tat der Ungerechten. Damit wohnt allem Recht stets eine ethische Dimension inne; ihm eignet die Erkenntnis der Werthaftigkeit. Deshalb ist es grundsätzlich mehr und anderes als nur Macht und Gewalt. Macht und Herrschaft, Bestand und Gewohnheit allein sind deshalb keine hinreichenden Kriterien für die Bestimmung des Rechts. Das Recht muß sich den Gefährdungen, denen der Mensch durch das Unrecht ausgesetzt ist, anpassen: Es re-agiert auf Un-Recht. Das Recht ist also notwendig wandelbar: Es ist auf Vertiefung ebenso angelegt wie auf Verbreiterung. «Rechtes» Recht hat letztlich die Verwirklichung der Freiheit des Menschen zum Ziel. Es ist nicht nur eine vorgegebene Kategorie der menschlichen Wirklichkeit, sondern besitzt zutiefst auch eine geistlich-religiöse Dimension. Darum ist es weder eine «gesetzliche» Mißdeutung noch zufällig, daß das Christentum die erlösende Botschaft und die heilende Tat Jesu Christi versteht als Befreiung, als Erlösung des Menschen aus der Knechtschaft auswegloser Verfallenheit an Schuld und Tod. Die Menschwerdung Gottes, Jesu Tod am Kreuz, seine österliche Auferstehung und seine Erhöhung zum Vater sind die Marksteine dieser endgültigen, «totalen» Befreiung des Menschen.

Schon die Propheten des Alten Bundes prangern an, daß «Gewalt über Recht» gehe (vgl. Hab 1,4) und sehen das Heil der messianischen Endzeit sich in Gerechtigkeit vollenden: Nicht nur wird «Zion durch Recht erlöst werden und durch Gerechtigkeit seine Bekehrten» (Jes 1,27), sondern der Messias wird sein endzeitliches «Recht als Licht für die Völker» aufstellen (Jes 51,4). Die Verkündigung der «Freiheit für die Gefangenen» erweist Wahrheit und Unmittelbarkeit, Macht und Heilswillen des Messias (Jes 61,1).

Für Paulus, der geradezu ‹Apostel der Freiheit› genannt zu werden verdiente, läßt sich das in Jesus Christus widerfahrene Heilsereignis zu dem Satz verdichten: «Wo der Geist des Herrn, dort ist Freiheit» (2 Kor 3, 17). Diese Freiheit ist für Paulus so sehr Widerschein der Herrlichkeit des Herrn, daß er sagen kann: «Damit wir frei seien, hat Christus uns freigemacht» (Gal 5,1). In der geschenkten Teilhabe an der «freien Freiheit» Gottes findet der Christ seine an Gott gebundene Freiheit. Nicht der Gehorsam gegen das Gesetz macht den Menschen zur neuen Schöpfung, sondern Christi frohe Botschaft und sein erlösender Tod und seine Auferstehung setzen ihn in die «befreite Freiheit». Dabei ist es dem Menschen allerdings aufgetragen, das, was er «angeldhaft» durch Jesu heilschaffende Tat in der Geschichte empfangen hat, durch die Zeiten hindurch jeweils mehr und immer neu zu verwirklichen.

So ist der Auftrag zur Verwirklichung der Freiheit des Menschen der «christlichen Botschaft» wesentlich eigen. Der Inhalt dessen freilich, was «Freiheit» und damit auch «Recht» jeweils meint, wurde und wird wesentlich mitbestimmt von den sozio-kulturellen Faktoren einer jeden Situation. Das «Pathos der Freiheit» jedoch, das dem mediterran-abendländischen Denken so bezeichnend eigen ist, hat durch das Evangelium eine neue Dimension und eine bis ins Unendliche reichende Perspektive erhalten: «Liebe deinen Genossen, *denn* er ist wie du! Ich bin der Herr» (Lev 19,18).

Wenn es stimmt, daß die Ausbildung der Grund- und Menschenrechte auch von den Verheißungen und Hoffnungen der beiden Testamente beeinflußt und vorangetrieben worden ist, dann mag die Frage, wie es denn um solche «Grundrechte» der Christen in der Kirche und um ihren Rechtsschutz steht, gar nicht so «modernistisch» klingen. Und in der Tat ist die Verheißung vom angebrochenen Gottesreich durchaus real: In der Gemeinschaft derer, die an Christus glauben, soll das erkennbar werden, was diese Zeit zum Zielpunkt aller Hoffnung macht: Daß die Gerechtigkeit in Liebe vollendet werde! Ohne die schützende Hülle des Rechts wäre nämlich alle Liebe «nur ein Wort»; sie würde in anarchische oder despotische Willkür ausarten und wäre ohne tragfähige Grundlage, ohne bergenden Halt. Unser heutiges Recht gründet also wesentlich in dem Wissen, daß alle Menschen, als Rechts-Genossen, einander gleich sind, *weil* sie von *Gott* aus dem nämlichen «Stoff» geschaffen und wegen ihrer gemeinsamen Gottebenbildlichkeit von gleicher Würde sind. Dies hat die Kirche von Anbeginn gewußt: Die Schriften des Neuen Testamentes wissen um Recht, Ordnung und Regel um der Gemeinde willen; denn der Mensch kann gar nicht anders leben, denn «im Recht». Das kanonische Recht der römisch-katholischen Kirche ebenso wie die «Lebensordnungen» der evangelischen Kirchen zeugen bis auf den heutigen Tag von dem Wissen, daß auch die Gemeinschaft derer, die Jesus nachfolgen, in «rechter Ordnung» leben muß. Gerade die Rechtsordnungen aber zeigen auch, daß es einen echten «Fortschritt» in der Wirklichkeit des menschlichen Lebens gibt.

Zwar hat sich in Jesus Christus die Liebe und Weisheit Gottes in vollkommener, nicht überbietbarer Weise geoffenbart, doch ist es dem Menschen aufgetragen, sich dieser Fülle und Vollendung durch die «Anstrengung des Geistes» immer mehr und immer neu anzunähern. Gnade setzt in diesem Fall sehr wohl die höchste Anstrengung des Menschen frei, wenn es nicht kurzschlüssig nur um ihn selber, sondern um das Recht seiner Menschenbrüder geht! Im Recht verwirklicht sich darum tatsächlich der geistige und sittliche Zustand der Menschheit, oder genauer gesagt, einer bestimmten menschlichen Gemeinschaft. Im Bereich des Rechts gibt es Fortschritt und Rückschritt. Nicht umsonst sprechen wir vom «Rückfall in die Barbarei». Das Wissen um diese Gefährdung des Rechts sollte uns davor bewahren, jedes neue Gesetz unbesehen schon als «Fortschritt» zu feiern. Dennoch gibt es echten Fortschritt gerade in der Entwicklung der Rechtsordnungen. Die Menschenrechte mögen das würdigste Zeugnis dafür sein.

Doch wie steht es um diese Zeugen des Fortschritts des Menschlichen, vom Evangelium inspirierten Geistes in der Kirche?

Dieser Frage soll hier nachgegangen werden, denn «Recht» hat sich nie von selber, mit Naturgesetzlichkeit, durchgesetzt. Stets mußte es erkämpft werden. In der Regel wurde es errungen mit dem Schwert rationaler, humaner Argumente und (in der Kirche) mit dem beharrlichen Hinweis auf Wort und Geist der Hl. Schrift und der großen und allgemeinen Tradition der Kirche.

Vielleicht wird deshalb in der nachfolgenden Darstellung deutlich, welch bedeutsame Rolle das Recht für das ganze Leben des Menschen spielt gerade auch für sein religiöses Dasein.

## *1. Kirchenrecht – vorbildliches Recht?*

Oft kann man sich des Eindrucks nicht erwehren, als seien gerade jene Rechte jeweils besonders gefährdet, die in einer Epoche allzu laut gepriesen werden. In den Chor derer, die die Menschenrechte preisen, fallen heute auch Stimmen ein, die sich bislang nur schwer mit diesen Errungenschaften eines aufgeklärten Humanismus befreunden konnten: Die Kirchen allgemein und die Katholische Kirche insbesondere. Deshalb mag es berechtigt sein zu fragen, wie weit die Menschenrechte denn in den Kirchen geachtet werden, ob und wieweit sie überhaupt von den Kirchen rezipiert werden können. Wenn der Ökumenische Rat der Kirchen und die Römisch-katholische Kirche neuestens mehrfach festgestellt haben, «daß die Durchsetzung der Menschenrechte eine wesentliche Voraussetzung für einen gerechten und dauerhaften Frieden unter allen Völkern ist»[1], stellt sich wie selbstverständlich die Frage, welchen Beitrag die Kirchen als weltweite Institutionen zur Ver-

1 Gemeinsame Verlautbarung des Weltrates der Kirchen und der Päpstlichen Kommission «Justitia et Pax», abgedruckt in: OssRomdeutsch vom 10. 12. 1973.

wirklichung der Menschenrechte geleistet haben bzw. leisten könnten. Denn nicht Resolutionen und Programme, die andere verwirklichen sollen, sind gefragt, sondern das überzeugende Beispiel. Mit Recht hat *H. Heinemann*[2] an ein Wort Karl Barth's erinnert, daß «rechtes Kirchenrecht vorbildliches Recht» zu sein habe[3].

Demnach müßten die innerkirchlichen Ordnungen, wie sie in der Geschichte teilweise vorbildlich für die weltlichen Rechtsordnungen gewesen waren, wegweisend auch heute für die Ausgestaltung der Menschenrechte sein. Zwar gibt es bestimmte Verfahrensbestimmungen im traditionellen kanonischen Recht, die grundrechtlichen Charakter tragen: etwa das des – theoretisch – umfassenden gerichtlichen Schutzes gegen Rechtsverletzungen; des Grundsatzes, daß in der Regel keine Strafe ohne vorgängiges Strafgesetz erlassen werden darf und niemand in ein und derselben Sache zweimal belangt werden kann[4]. Wenn man auch zugeben darf, daß es bestimmte geistesgeschichtliche Einflüsse des Christentums auf die Ausbildung des Menschenrechtsgedankens gibt[5], muß andererseits doch eingestanden

2 Menschenrechte? Eine Anfrage an das Kirchenrecht, in: ÖAfKR 25 (1974) 238–255, hier: 238.

3 *K. Barth,* Die kirchliche Dogmatik IV/2, 1955, 815; *ders.,* Die Ordnung der Gemeinde, 1955, 73.

4 Vgl. *H. Heinemann,* a.a.O. 242–255; *J. Neumann,* Menschenrechte in der Kirche?, in: Vaterland v. 17. 11. 1973.

5 Vgl.: *H. Heimerl,* Menschenrechte, Christenrechte und ihr Schutz in der Kirche, in: ThpQ 121 (1973) 26–33; hier: 27; *J. Neumann,* a.a.O.: «. . . der Gedanke der Menschenrechte ist wesentlich bestimmt von den Idealen der griechisch-römischen *Philosophen,* der Sozialforderungen der *Propheten* des Alten Bundes, der *christlichen Lehre* von der gleichen Würde aller Menschen und den *Naturrechtsgedanken* der Aufklärung.» – *A. W. Ziegler,* Religion, Kirche und Staat in Geschichte und Gegenwart, I. Bd. Geschichte, 1969, 374: «Menschenrechte, . . ., gehen auf das Altertum zurück,

werden, daß die Rechtsordnungen der Kirchen, insbesondere aber die kirchliche Mentalität, den Menschenrechten nicht besonders geneigt waren. Vor allem das päpstliche Lehramt der katholischen Kirche glaubte sie ablehnen zu müssen, da sie nur als Abwehrrechte gegen die legitime Autorität gedeutet wurden, die überdies außerhalb der Kirche und gegen sie Gewissens- und Glaubensfreiheit forderten. Diese «modernen Freiheiten» schienen sich also gegen Autorität und «Religion» allgemein und gegen die katholische Kirche im besonderen zu richten. Das kirchliche Lehramt war damals offensichtlich nicht in der Lage, die eigentlich positive Stoßrichtung dieser Freiheit *für* die Würde des Menschen zu sehen und richtig einzuschätzen. Nur aus der Sorge, die «Menge würde nach zügelloser Freiheit dürsten», die alle Ordnung zerstöre, ist es verständlich, daß selbst Papst Leo XIII. feststellen konnte, es sei niemals erlaubt, die Gedankenfreiheit, Pressefreiheit, Lehrfreiheit sowie unterschiedslose Religionsfreiheit zu fordern[6]. Auch war das päpstliche Lehramt der Meinung, die Ungleichheit der politischen Rechte sei gottgewollt[7].

Wir wollen hier weder den Beitrag der Kirche zur Ausbildung des Gedankens der Menschenrechte unter-

Ansätze dafür sind in der sozialen Gesetzgebung des Judentums und in der stoischen Philosophie mit ihrer Lehre vom Naturrecht und der Selbstbestimmung des Menschen vorhanden gewesen.» Vgl.: *G. Oestreich,* Die Entwicklung der Menschenrechte und Grundfreiheiten, in: Die Grundrechte. Handb. d. Theorie und Praxis der Grundrechte, hrsg. v. *K. A. Bettermann, F. L. Neumann, H. C. Nipperdey,* I/1 1966, 5–123, hier: 10–12. Vgl. ferner: *K. Walf,* Die Menschenrechte in der katholischen Kirche, in: Diakonia 5 (1974) 376–388 (Lit.).

6 Enzyklika «Libertas» vom 26. 6. 1888 abgedruckt in: Leo XIII. der Lehrer der Welt, hrsg. v. *C. Ulitzka,* 1903; hier: 117.

7 Enzyklika «Quod apostolici muneris» vom 28. 12. 1878 über die Kirche und den Sozialismus, ebenda 236.

suchen, noch darstellen, von wann ab – nämlich seit den Tagen des II. Weltkriegs unter Papst Pius XII. – sich die katholische Kirche zum Fürsprech der Menschenrechte gemacht hat. Wir wollen lediglich prüfen, ob diese, aus ganz bestimmten *politischen* Bedrängnissen geborenen Grundforderungen der Menschenrechte überhaupt sinnvoll an den binnenkirchlichen Bereich adaptiert und von den Kirchen als geistig-geistliche Gemeinschaften rezipiert werden können. Die Kirchen leben ja wesentlich aus der geistigen Übereinstimmung ihrer Glieder im geoffenbarten Glauben; sie sind ohne eine gemeinsame Hoffnung auf die Erfüllung der Verheißung und die hingebende Liebe, die dem Beispiel des Herrn folgt, gar nicht denkbar. Kann aber dort, wo Glaube, Hoffnung und Liebe walten, wo es somit um die Verwirklichung von Ur-Liebe geht, von Grund*rechten*, Freiheits*rechten* und Menschen*rechten* geredet werden? Würde nicht eine solche «Rechts-Kirche» dem Geist der Frohbotschaft, dem Geist der Liebe und der Freiheit widerstreiten? Hier dürfte ein erstes, traditionelles Mißverständnis liegen; jenes nämlich, das Recht und Freiheit als Gegensätze versteht und sie nicht als einander bedingende Wirklichkeiten begreift.

## *2. Was sind überhaupt Grundrechte?*

Als Grundrechte werden allgemein nicht nur bestimmte wesentliche *Rechtsgrundsätze* bezeichnet, die bestimmte Rechtsbeziehungen der Menschen schützen sollen, sondern vielmehr bezeichnet der Begriff «Grundrechte» ein ganzes Geflecht von *Rechtsgütern*, die für die menschliche Gemeinschaft wesentlich und für ihr geordnetes menschwürdiges Funktionieren konstitutiv sind[8].

Grundlage und Ausgangspunkt aller Grundrechte ist die Anerkennung und Sicherung der *Würde der menschlichen Person.* Sie gilt es zu achten und zu schützen: Das Grundgesetz der Bundesrepublik Deutschland drückt das in Artikel 1 folgendermaßen aus: «Die Würde des Menschen ist unantastbar. Sie zu achten und zu schützen ist Verpflichtung aller staatlichen Gewalt.» – Der Mensch ist somit nicht nur Objekt, sondern Subjekt des Rechts; er dient nicht dem Staat, sondern der Staat und alle menschlichen Institutionen sind um des Menschen willen da. Der Mensch ist damit zwar nicht zum Maßstab, wohl aber zur schutzwürdigen Mitte aller menschlichen Ordnung und jeder menschlichen Gesellschaft erklärt, wie der Mensch auch nach den Worten Jesu nicht um des Sabbat willen da ist, sondern der Sabbat für den Menschen (Mk 2,27). – Von einer solchen Annahme der naturgegebenen *Würde* des Menschen als *Person* gehen die *Menschenrechtserklärungen der Vereinten Nationen* vom 10. Dezember 1948, die *Europäische Konvention zum Schutze der Menschenrechte und Grundfreiheiten* vom 4. November 1950[9], die *deut-*

8 Vgl. *W. Hamel,* Die Bedeutung der Grundrechte im sozialen Rechtsstaat, 1957, 7 unter Berufung auf F. Naumann und R. Smend.

9 Vgl. dazu u. a.: Die Menschenrechte in christlicher Sicht, hrsg. v. *A. Wimmer,* 1953; Die Europäische Konvention zum Schutz der Menschenrechte und Grundfreiheiten und ihr Zusatzprotokoll in Einwirkung auf das deutsche Recht. Text und Kommentar v. *H. Schorn,* 1965; *F. Hartung,* Die Entwicklung der Menschen- und Bürgerrechte von 1776 bis zur Gegenwart, 1972; Die Grundrechtsdiskussion in der Paulskirche. Eine Dokumentation, hrsg. v. *H. Scholler,* 1973. – Über die fundamentale Bedeutung des Grundrechtssatzes der Menschenwürde als Grundlage eines Wertsystems handelt *G. Dürig,* Der Grundrechtssatz von der Menschenwürde, in: AÖR 81 (1956) 117–157. – *G. Bally,* Pflege und Gefährdung der Menschenwürde, in:

*schen Landesverfassungen* und das *Grundgesetz der Bundesrepublik Deutschland* aus. Dabei ist es unerheblich, ob die einzelnen Verfassungen – wie beispielsweise das Grundgesetz – auch rechtssystematisch von der Würde des Menschen ausgehen, oder ob sie die Grundrechte als «überpositives Recht» voraussetzen. Die rechtssystematische Einordnung des Grundsatzes von der Würde der menschlichen Person und der daraus fließenden Grundrechte in eine Verfassung bedeutet für sich allein noch keine grundsätzliche inhaltliche Aussage. Dies ist bei der Würdigung des kirchlichen Rechtes bezüglich seiner Aussagen zum Schutz der Menschenrechte zu beachten.

Der Ausdruck «Würde der menschlichen Person» meint, – ganz allgemein gesagt – den «Eigenwert und die Eigenständigkeit, die Wesenheit, die Natur des Menschen schlechthin»[10]. Das Wesen des Menschen aber drückt sich aus in seiner Freiheit und in dem daraus fließenden Offensein für sittliche Werte und geistigen Sinn. Somit meint die Anerkennung der «fundamentalen Gleichheit» und der daraus abgeleiteten Würde der menschlichen Person ein Doppeltes: Einmal drückt diese Formel die Bejahung eines naturgemäßen, vorstaatli-

ZfevEth 1 (1957) 175–185. – Allgemein muß gesehen werden, daß diesen Menschenrechtserklärungen ein stark individualistischer und rationalistischer Grundzug innewohnt, der heute die Rezeption in den Ländern der Dritten Welt erschwert (vgl. *L. Raiser*, Menschenrechte in einer gespaltenen Welt. Erwägungen zum Stand der ökumenischen Diskussion, in: EvKomm [1975] 199–203, hier: 200).

10 *H. C. Nipperdey*, Die Würde des Menschen, in: F. L. Neumann/H. C. Nipperdey/U. Scheuner, Die Grundrechte. Handbuch der Theorie und Praxis der Grundrechte II, 1954, 1. – Dieses Grundthema wird unter vielen bedeutsamen Aspekten umfassend behandelt in: Menschenwürde und freiheitliche Rechtsordnung, Festschrift für W. Geiger, 1974.

chen und überpositiven Rechts eines *jeden* Menschen aus; zum anderen weist die solchermaßen naturrechtlich begründete Würde des Menschen auf seinen transzendenten Ursprung ebenso wie auf seine transzendente Berufung hin. Der Mensch ist also mehr als ein rein zweckorientiertes Wesen! Darum verletzt jede reine «Verzweckung» des Menschen seine Würde als einmalige Person.

Da die Menschenwürde und die daraus fließenden Persönlichkeitsrechte ein bestimmtes Verhalten sowohl der öffentlichen Gewalten als auch der Rechtsgenossen fordern, bedingt die Anerkennung der Würde der menschlichen Person eine Reihe sich daraus ergebender Rechte und bestimmte Minimalforderungen. Die früher weit verbreitete und vereinfachende Auffassung, daß sich die Grundrechte ausschließlich *gegen* den Staat als Hoheitsträger ausgebildet hätten, ist in jüngster Zeit mit Recht in Frage gestellt worden. Der Begriff vom «status negativus sive libertatis» des Individuums wendet sich allerdings zunächst gegen die öffentliche Gewalt allgemein und statuiert ein Recht des einzelnen auf individuelle Gestaltungsfreiheit, in welcher die Eingriffsmöglichkeit des Staates bestimmte Grenzen nicht überschreiten darf.

Bereits nach dem Ersten Weltkrieg begann sich die Einsicht durchzusetzen, daß nicht nur der Staat die Freiheit des einzelnen beschränken kann, vielmehr gesellschaftliche Gewalten dies ebenso, teilweise in noch höherem Ausmaß zu tun vermögen. Daraus erwuchs die Forderung, die Grundfreiheiten des einzelnen auch gegen nichtstaatliche gesellschaftliche Gewalten und Mächte zu schützen. Von einer modernen und umfassend freiheitlichen Verfassung muß daher verlangt werden, daß das Individuum nicht nur vor der im Staat verkörperten Macht der Gemeinschaft, sondern auch vor der wirtschaftlichen und gesellschaftlichen Macht einzelner oder mannigfacher gesellschaftlicher Verbände geschützt wird.

Heute geht die Verfassungsrechtslehre allgemein davon aus, daß die Grundrechte keineswegs «primär staatsmachtfeindlich, sondern allgemein individualrechtlicher Herkunft» sind[11]. Die heutigen hoch differenzierten Grundrechte können nicht mehr nur als bloße Abwehrrechte gegen staatliche Eingriffe gedeutet werden. Sie werden somit keineswegs nur als gegen den Staat gerichtete «Ausgrenzungsrechte» verstanden, sondern als *allseitige* Freiheitsgarantien, die die Rechtsbeziehungen der Bürger untereinander ebenso sichern wie beschränken. Die Grundrechte des einen begrenzen dabei in bestimmter Weise gleichzeitig die Grundrechte des anderen und umgekehrt. Dennoch läßt sich daraus nicht rigoros und schematisch folgern, daß jegliche Grundrechte als subjektiv-öffentliche Rechte unmittelbar nicht nur gegen die öffentliche Gewalt des Staates, sondern auch gegen andere «soziale Gewalten», womöglich gegen jeden Dritten, *durchsetzbar* seien[12]. Wenn auch die Menschenrechte für jedermann gelten und sowohl unverlierbar als auch unverzichtbar sind[13], kann

11 *W. Leisner*, Grundrechte und Privatrechte, 1960. *ders.*, Die schutzwürdigen Rechte im besonderen Gewaltverhältnis, in: DVBl 75 (1960) 617–626.

12 *R. Zippelius*, Grundrechte, in: EvStL ($^2$1975) 925–944, hier: 934. Wie sehr durch unsachgemäße Interpretation die Freiheit selbst gefährdet wird, hat *R. Schnur* eindrucksvoll gezeigt (in: Jahresbericht 1974 der Görres-Gesellschaft 15–33: Verfassungsauslegung in der Bewährung).

13 Dagegen sind bestimmte «Grundrechte» begrenzbar etwa auf die

sich dennoch – wie nachher gezeigt wird – beispielsweise ein Angehöriger einer Religionsgemeinschaft dieser gegenüber nicht einfachhin auf das Recht der Gewissensfreiheit oder der Pressefreiheit berufen. Desgleichen verstößt es nicht gegen den allgemeinen Gleichheitssatz, wenn eine Religionsgemeinschaft für ihre Ämter nur solche Personen aufstellt, die ihr angehören; denn dieser Satz gebietet nur Gleiches gleich, Ungleiches jedoch ungleich zu behandeln. Deshalb ist es an sich auch nicht als eine – einklagbare – Grundrechtsverletzung zu ahnden, wenn etwa eine Gewerkschaft bestimmte erkämpfte Vorteile tarifvertraglich nur ihren Mitgliedern zukommen lassen will.

Die unumschränkte Anwendung der Grundrechtsprinzipien auf den *privatrechtlichen* Verkehr würde allerdings die freie individuelle Entfaltung der Persönlichkeitsrechte unerträglich beschränken und damit letzlich «die Freiheit im Namen der Freiheit vernichten». Dennoch zeigt die neueste Entwicklung unserer pluralistischen Gesellschaft, wie notwendig es ist, daß auch – und gerade? – die gesellschaftlichen Gewalten durch Grundrechte gebändigt werden[14].

Staatsbürger: «alle Deutschen» in Art. 8 I, 9 I, 11 I, 12 I, 16 II GG (Bürgerrechte) oder durch das Gesetz einschränkbar: Art. 5 II, 8 II, 10 Satz 2, 11 II, 13 II und III, 14 I, 17a GG. Aber auch jene Grundrechte, die wir als unverlier- und unverzichtbare «Menschenrechte» bezeichnen, haben diese besondere Eigenschaft eben durch eine bestimmte Rechtsordnung. So verhieß die Weimarer Reichsverfassung in Art. 109 «Gleichheit» nur allen Deutschen. Auch die Schweizerische Bundesverfassung zuerkennt sie in Art. 4 der Bundesverfassung nur allen Schweizern. Es obliegt somit letztlich dem Gesetzgeber, in welchem Umfang ein Grundsatz der Menschenrechte als Grundrecht formuliert und damit zur einklagbaren Norm wird. Vgl.: *H. P. Ipsen*, Gleichheit, in: Die Grundrechte III, 1954, 110–198, hier: 157.

14 Vgl. zum Ganzen: *R. Zippelius* a.a.O. 925–944; *Th. Eschenburg*, Die Herrschaft der Verbände, [2]1963.

Wenn der Satz «Die Würde der menschlichen Person ist unantastbar» als Satz des Naturrechts anerkannt wird, – dafür dürften im innerkirchlichen Bereich die theoretischen Voraussetzungen gegeben sein –, dann hat er auch für jede kirchliche Rechtsordnung grundsätzlich verbindliche und wegweisende Kraft. Die konkreten Rechtsfolgen jedoch, die aus diesem überpositiven Grundrechtssatz gezogen werden, können ebenso wie die daraus abzuleitenden weiteren Grundrechtssätze variieren; sie bedürfen deshalb der Normierung. Das auch deshalb, weil die inhaltliche Bestimmung der Grundrechte je nach der geistig-kulturellen Tradition und dem jeweiligen weltanschaulich-ideologischen Ausgangspunkt sehr verschieden sein können.

Die Grundrechte sind wie alles Recht stets konkret. Anhand der in der Menschenrechtserklärung der Vereinten Nationen von 1948 aufgeführten Grundrechte soll geprüft werden, ob und in welchem Umfang «Grundrechte» in die Kirche übernommen werden können. Daran anschließend ist zu fragen, ob es in der Kirche noch *spezifisch kirchliche* Grundrechte geben kann bzw. geben muß, die in einer geistlichen Gemeinschaft eigens gesichert und gewährleistet werden müssen. Ja, es wäre zu untersuchen, ob es vielleicht sogar «Grundrechte» geistlicher Art gibt, die sich aus der christlichen Botschaft ableiten lassen und die in der Gemeinschaft des Neuen Bundes zu beachten und zu gewährleisten sind.

Die in der *Menschenrechtserklärung der Vereinten Nationen* aufgeführten Grundrechte lassen sich wie folgt zusammenfassen:

1. Das Recht aller Menschen ohne Unterschied des Geschlechtes, der Rasse, Sprache und Religion gleich behandelt und beurteilt zu werden (Art. 2;7).
2. Das Recht auf Leben, Freiheit und Sicherheit (Art. 3;25 II).
3. Das Recht, überall als Rechtspersönlichkeit anerkannt zu werden (Art. 6).
4. Das Recht auf wirksamen Rechtsschutz (Art. 7;8; 11 I).
5. Das Recht auf Unantastbarkeit des Privatlebens, der Familie, des guten Rufs und des Postverkehrs (Art. 12).
6. Das Recht auf Freizügigkeit (Art. 13) ebenso wie auf Asyl bei ungerechter Verfolgung (Art. 14).

7. Das Recht auf Zugehörigkeit zu einem bestimmten Staat und die Freiheit, die Staatsangehörigkeit zu wechseln (Art. 15).
8. Das Recht auf freie Eingehung einer Ehe und Gründung einer Familie, die unter dem Schutz der Gesellschaft und des Staates steht (Art. 16).
9. Das Recht auf Eigentum (Art. 17).
10. Das Recht der Gedanken-, Gewissens- und Religionsfreiheit (Art. 20).
11. Das grundsätzliche Demokratiegebot (Art. 21).
12. Das Recht auf soziale Sicherheit, auf wirtschaftlichen, sozialen und kulturellen Fortschritt (Art. 22; 25;27).
13. Das Recht auf Arbeit, freie Berufswahl und gerechten Lohn (Art. 23).
14. Das Recht auf Ruhe und Freizeit (Art. 24).
15. Das Recht auf Ausbildung und Möglichkeit der Persönlichkeitsentfaltung (Art. 26).
16. Das Recht der Eltern, die Art der Erziehung ihrer Kinder zu bestimmen (Art. 26 III).

Diesen positiven Rechten stehen folgende sichernde Verbote gegenüber:

1. Verbot der Sklaverei (Art. 4).
2. Verbot der Folter und menschenunwürdiger Behandlung (Art. 5).
3. Verbot der Willkür (Art. 9).
4. Verbot einer Strafe ohne Strafgesetz und Strafverfahren (Art. 11).

Diesen Rechten und Verboten korrespondieren die Pflichten des einzelnen gegen die Gemeinschaft und die Rechte anderer. Die Menschenrechte des einen finden also ihre Begrenzung an den gleichen Rechten des anderen. Sie dürfen grundsätzlich nicht dazu mißbraucht werden, die Aufhebung der Grundrechte bei anderen zu betreiben.

Bereits eine oberflächliche Lektüre dieses Grundrechtskatalogs läßt ahnen, daß durchaus nicht alle angeführten Grundrechte für den innerkirchlichen Rechts- und Friedensbereich belangvoll sind. Das Recht auf wirtschaftlichen, sozialen und kulturellen Fortschritt, auf Arbeit, Ruhe und Freizeit enthält Forderungen, die ihrer Natur nach sicher nicht zuerst die Kirche betreffen. Andererseits aber kann selbst ein so «weltlich» erscheinendes Recht wie das des freien Postverkehrs in der Kirche durchaus etwa bei Ordensleuten oder Zöglingen akut werden, wie umgekehrt das Asylrecht noch dem heutigen kanonischen Recht – wenigstens theoretisch – vertraut ist (c. 1179)[15].

Dazu kommt, daß die Kirche oft beim besten Willen gar nicht in der Lage ist, bestimmte Grundrechte in ihrem jeweiligen Bereich zu gewährleisten. Überdies darf sie grundsätzlich nicht als ein Staat im Staate, nicht als eine besondere «Sicherungsinstitution» für die Gewährleistung von bürgerlichen Freiheiten mißdeutet werden. Sie könnte sonst in eine unvermeidliche, aber unnötige Konfrontation mit den primär verantwortlichen staatlichen Ordnungsmächten geraten.

15 Dieser Kanon des kirchlichen Gesetzbuches lautet: «Die Kirchen genießen das Asylrecht. Dieses hat zur Folge, daß Missetäter, die in die Kirche geflüchtet sind, für gewöhnlich nicht herausgeholt werden dürfen ... eine Ausnahme ist nur in dringendem Notfall zulässig.» – Dabei mag interessant sein, daß die Europäische Menschenrechtskonvention das Asylrecht ebensowenig kennt wie eine ausdrückliche Erwähnung des Grundrechts auf Freizügigkeit: vgl. *H. Schorn,* Die Europäische Konvention 113, 162.

## 1. *Die Bedeutung der Menschenrechtskataloge*

Soweit die *Menschenrechtserklärung* der *Vereinten Nationen* nicht allgemeine Regeln des Völkerrechts enthält oder im Bereich der Unterzeichnerstaaten der Europäischen Konvention zum Schutz der Menschenrechte als Vertragsrecht wirksam ist, betrachtet sie die herrschende Lehre nicht als international geltendes Recht[16]. Dennoch stellt sie einen weltweiten humanen Wertmaßstab dar: Dieser Grundrechtskatalog ist das einstweilige Ergebnis der Anerkennung des Menschen als Subjekt allen Rechts. Über die unmittelbar angesprochenen Regierungen und staatlichen Gesetzgeber wendet sich die Menschenrechtserklärung als *ethisches Postulat* unmittelbar und direkt auch an die Ordnung der gesellschaftlichen Substrukturen. Alle menschlichen Verhältnisse, ob sie nun staatlicher, vorstaatlicher oder überstaatlicher Natur sein mögen, müssen es sich gefallen lassen, an diesem Grundrechtskatalog gemessen zu werden[17].

Die *Europäische Konvention* zum Schutz der Men-

16 Der Vertragsentwurf der Vereinten Nationen über die Menschenrechte von 1954 hat heute weniger denn je Aussicht, von allen Mitgliedernationen akzeptiert zu werden.

17 Mit Recht hat *L. Raiser* (a.a.O. 202–203) darauf hingewiesen, daß die Vorstellungen nicht nur der sozialistischen Länder, sondern auch der Länder der Dritten Welt stark von den europäischen abweichen, weil sie nicht aus derselben Tradition stammen. Gerade das rechtliche Spezifikum der Menschenrechte wird entweder als bürgerliche Ideologie oder neokolonialistischer Mechanismus zur Perpetuierung der Ausbeutung abgelehnt. «In dieser Situation», meint Raiser, «tut offenbar intensive Gedankenarbeit not, um zur Vorbereitung weiterer politischer Aktionen wenigstens die gemeinsamen Grundlagen oder einen allseits anerkannten Kernbestand von Menschenrechtssätzen zu klären und festzuhalten. An dieser Arbeit können und sollen sich auch die Kirchen gerade in ihrer ökumenischen Verbundenheit beteiligen.» (203)

schenrechte und Grundfreiheiten unterscheidet sich von dem Menschenrechtskatalog der Vereinten Nationen vor allem dadurch, daß die Unterzeichner-Nationen sich verpflichtet haben, die dort aufgestellten Grundsätze in ihren Rechtsordnungen zu beachten und zu verwirklichen; darüber hinaus haben sie ihre Bereitschaft erklärt, sich gegebenenfalls dem Spruch der «Europäischen Kommission für Menschenrechte» und dem «Europäischen Gerichtshof für Menschenrechte» (Art. 19 ff.) zu unterwerfen. Durch diese vertragliche Rezeption der Menschenrechtsgrundsätze von seiten der europäischen Staaten in das jeweilige innerstaatliche Recht, wird der zugrunde liegende *ethische* Anspruch der Menchenrechte bestätigt und zum *einklagbaren* Recht[18]. Wenn auch der Hl. Stuhl der Europäischen Konvention für die Menschenrechte – aus formalen Gründen – nicht beigetreten ist, darf davon ausgegangen werden, daß diese «naturrechtlichen» Grundsätze als allgemein menschliche und moralisch verbindliche Postulate auch von innerverbandlichen Rechtsordnungen, also etwa vom Recht der katholischen ebenso wie der evangelischen Kirche, zu achten sind.

In diesem Zusammenhang mag es angebracht sein, darauf hinzuweisen, daß das päpstliche und bischöfliche Lehramt der katholischen Kirche sich seit der Enzyklika «Pacem in terris» Johannes' XXIII. vom 11. 4. 1963, die geradezu als Menschenrechtserklärung der Kirche bezeichnet werden darf, endgültig die Forderung der Menschenrechte zu eigen gemacht hat: Aufgrund seiner Würde als Person wird das Recht eines je-

18 Vgl.: *H. Schorn,* Die Europäische Konvention, 35–48.

den Menschen auf Leben, auf die Unversehrtheit seines Leibes sowie auf die geeigneten Mittel zu angemessener Lebensführung anerkannt. «Von Natur aus hat der Mensch überdies das Recht, daß er gebührend geehrt und sein guter Ruf gewahrt wird, er frei nach der Wahrheit suchen und ... seine Meinung äußern, verbreiten und jedweden Beruf ausüben darf.» Die Enzyklika anerkennt als Menschenrecht auch die Freiheit eines jeden, «Gott der rechten Norm des Gewissens entsprechend zu verehren und seine Religion ... zu bekennen», sowie den Lebensstand frei zu wählen. Das Recht auf Freizügigkeit wird ebenso anerkannt wie das Recht auf Arbeit, auf angemessene Vorsorge und auf Versammlungs- und Vereinigungsfreiheit. Ausdrücklich betont das Lehrschreiben, daß auch der dem Irrtum Verfallene nicht aufhört, Mensch zu sein und nie seine persönliche Würde verliert[19].

Diese grundlegenden Ausführungen hat das II. Vatikanische Konzil durch die beiden denkwürdigen Dokumente vom 7. 12. 1965 vertieft und weitergeführt, nämlich durch die Erklärung *«über die Religionsfreiheit»* und die Pastoralkonstitution *«über die Kirche in der Welt von heute»*[20]. Der Gedanke von der unveräußerlichen Würde der menschlichen Person bildet das Leitmotiv für eine umfassende und detaillierte Darlegung der Menschenrechte, die von allen Machthabern, allen Gruppen und Individuen der Gesellschaft zu ach-

19 AAS 55 (1963) 257–304, bes. 259–263; 299.

20 Diese Texte, die alle offiziell in den Acta Apostolicae Sedis veröffentlicht worden sind, werden in deutscher Übersetzung zitiert nach: Lexikon für Theologie und Kirche. Das Zweite Vatikanische Konzil I–III, 1966 bis 1968.

ten sind. Zwar fordert die Erklärung «über die Religionsfreiheit» in erster Linie von den weltlichen Mächten die Gewährung der religiösen Freiheiten für ihre Bürger: «Dieses Recht der menschlichen Person auf religiöse Freiheit muß in der rechtlichen Ordnung der Gesellschaft so anerkannt werden, daß es zum bürgerlichen Recht wird». Insofern jedoch von der Würde der menschlichen Person her argumentiert wird, unterwirft diese Erklärung damit indirekt die Kirche selber den vorgetragenen Grundsätzen: «Das Vatikanische Konzil erklärt, daß die menschliche Person das Recht auf religiöse Freiheit hat. Diese Freiheit besteht darin, daß alle Menschen frei sein müssen von jedem Zwang sowohl von seiten einzelner wie gesellschaftlicher Gruppen, wie jeglicher menschlicher Gewalt, so daß niemand gezwungen wird, gegen sein Gewissen zu handeln, noch daran gehindert wird ... nach seinem Gewissen zu handeln» (Art. 2).

Die Pastoralkonstitution «über die Kirche in der Welt von heute» verlangt von den Machthabern, den Staaten und den gesellschaftlichen Mächten die Achtung der aus der Würde der menschlichen Person fließenden Freiheitsrechte: «Da alle Menschen eine geistige Seele haben und nach Gottes Bild geschaffen sind, da sie dieselbe Natur und denselben Ursprung haben, da sie, als von Christus Erlöste, sich derselben göttlichen Berufung und Bestimmung erfreuen, darum muß die grundlegende Gleichheit aller Menschen immer mehr zur Anerkennung gebracht werden.» Deshalb muß «jede Form einerDiskriminierung in den gesellschaftlichen und kulturellen Grundrechten der Person, sei es wegen des Geschlechtes oder der Rasse, der Farbe, der gesellschaftlichen Stellung, der Sprache oder der Religion überwunden und beseitigt werden» (Art. 29)[21].

Anläßlich des «Jahres der Menschenrechte», zum Gedenken an den 25. Jahrestag der Erklärung der Menschenrechte durch die Vereinten Nationen, wurde von kirchenamtlicher Seite neuerdings wiederholt auf die große Bedeutung der unverzichtbaren Menschenrechte hingewiesen. So sagt Papst *Paul VI.* in seinem Schreiben an den Vorsitzenden der 28. Generalversammlung der Vereinten Nationen vom 10. Oktober 1973: «Gerade weil die Kirche besonders auf die Rechte Gottes bedacht ist . . ., kann sie die Rechte des nach dem Bild und Gleichnis Gottes geschaffenen Menschen nicht außer acht lassen! Sie fühlt sich selber verletzt, wenn die Menschenrechte – wie und wo auch immer – mißachtet oder übertreten werden»[22]. Zwar richtet sich dieser Appell des Papstes in erster Linie an «die Inhaber der Regierungsgewalt», die diese Rechte «mit allen zu Gebote stehenden Mitteln» zu gewährleisten haben, doch stellt er ausdrücklich fest, daß diese Grundsätze «von allen, überall und für alle» geachtet werden müssen[23]. Denn, so erklärt er ausdrücklich, «die Pflicht, diese Rechte zu achten, ist umfassend»[24]. Ja, der Hl. Stuhl solidarisiert sich mit den «ganz und gar humanen Initiativen» der Vereinten Nationen «zum Schutz und zur Verteidigung der Freiheit und Würde eines jeden

21 Von den Grund- und Menschenrechten handeln insbesondere die Art. 27, 29, 55, 60, 71, 73–75, 77–81; die letzteren insbesondere von den eigentlich politischen Rechten und der Verpflichtung von Staat und Gesellschaft, sie zu achten.

22 AAS 65 (1973) 673–677, hier: 674 unter Bezugnahme auf AAS 62 (1970) 684. Deutsche Fassung: OssRomdeutsch vom 5. 7. (!) 1974, S. 9.

23 AAS 65 (1973) 675–677 unter Bezugnahme auf AAS 60 (1968) 285.

24 AAS 65 (1973) 675.

Menschen»[25]. Diese intensive Bejahung der Menschenrechte impliziert notwendig die Anerkennung der gleichen Grundsätze auch für den innerkirchlichen Bereich in dem Umfang, wie diese Rechte dort wirksam werden können bzw. wie sie dort gefährdet sind. Deshalb richtet sich der Aufruf von Papst *Paul VI.*, dem die Römische Bischofssynode am 23. 10. 1974 einmütig zustimmte, sowohl an die Kirche als auch an die ganze Welt. Ausdrücklich wird festgestellt, daß die ganze Kirche «in ihrem Verlangen, sich immer tiefer zum Herrn zu bekehren, ... ihren Dienst stets treuer dadurch versehen (wolle), daß in ihrem eigenen Bereich die Menschenrechte besser (ge)würdigt und anerkannt werden»[26]. Hier wird deutlich ausgedrückt, daß die unveräußerlichen, aus der Gott-Ebenbildlichkeit des Menschen sich ergebenden Rechte, auch von der Kirche und in ihrem Bereich zu achten sind. Deshalb ist es nur konsequent, wenn dieser Aufruf «eine ständige Selbstprüfung und Reinigung ihres eigenen Lebens, ihrer Gesetze, Institutionen und Planungen» verlangt. Unter Bezugnahme auf eine Erklärung der Bischofssynode von 1971 wird nochmals bekräftigt, daß «jeder, der es wagt, zu den Menschen über Gerechtigkeit zu sprechen, selber in ihren Augen gerecht erscheinen muß». Wenn auch die genannten Rechte «auf Leben und Nahrung», die wirtschaftlichen und sozialen, die politischen und kulturellen Rechte meist nicht unmittelbar von der Kirche gewährt oder beeinträchtigt werden können, ist damit doch der Grundsatz anerkannt, daß das gesamte Leben

25 Ebd. 676.
26 Abgedruckt: OssRom vom 26. 10. 1974 p. 5; OssRomdeutsch v. 8. 11. 1974 S. 6; HerdKor 28 (1974) 624–625.

der Kirche und alle ihre Ordnungen den Grundsätzen der Gerechtigkeit und der Menschenrechte entsprechen müssen. Das bedeutet, daß die Menschenrechte im Binnenraum der Kirche, in ihrer Rechtsordnung ebenso wie in ihrer Lebenswirklichkeit, geachtet und im konkreten Fall geltend gemacht werden können. Es geht also nicht nur darum, «daß unsere kirchlichen Gemeinden und Gruppen in einem ganz anderen Maß als bisher für solche Verletzungen (der Menschenrechte) und Diskriminierungen (von Menschen), da, wo sie in ihrem Umkreis geschehen, sensibilisiert werden ...»[27], sondern vor allem auch darum, daß *in* der Kirche selber diese Rechte als heilige Güter und wichtige Aufgaben erkannt und anerkannt werden. Denn das oben genannte vatikanische Dokument von 1974 bekennt ausdrücklich, daß die Kirche fest davon überzeugt sei, daß die Förderung der Menschenrechte eine Forderung des Evangeliums ist und daß sie deswegen in ihrem Dienst eine zentrale Stellung einnehmen muß[28].

## *2. Verwirklichung der Menschenrechte in der Kirche*

Es kann somit – nach dem erklärten Willen der obersten Leitungsorgane der Kirche – kein Zweifel mehr daran bestehen, daß die Menschenrechte grundsätzlich auch in der Kirche gelten (sollen). Als «vorkonstitutionelle» Rechte sind sie indispensabel; aber sie bedürfen – wie wir gesehen haben – der gesetzlichen Konkreti-

27 Bischof *H. Tenhumberg*, «Menschenrechte – eine Herausforderung an alle», in: OssRomdeutsch vom 11. 1. 1974, S. 11.
28 Zitiert nach: HerdKor 28 (1974) 624.

sierung im kirchlichen Recht. Der diesbezügliche Versuch der päpstlichen Kommission für die Revision des kanonischen Rechtes im Entwurf für ein kirchliches Grundgesetz aus dem Jahr 1971 zeigt jedoch, wie schwer es ist, «Menschenrechte» für den kirchlichen Rechtsbereich zu formulieren. Es fällt den kirchlichen Autoren viel leichter, Forderungen an die staatlichen Gesetzgeber und die bürgerliche Gesellschaft zu stellen, als diese für den eigenen Rechtsbereich zu konkretisieren: Ausgehend von der Anerkennung der «der menschlichen Person eigenen Würde», für die die Kirche öffentlich eintritt (c. 3), werden in jenem Schema[29] die «Rechte» der Christen so dargestellt, daß sie allesamt von – noch zu erlassenden – kirchlichen Gesetzen begrenzt werden können. Alle Rechte der Christgläubigen stehen unter dem Vorbehalt näherer Regelung durch die kirchliche Autorität: Der «Gleichheitsgrundsatz» (c. 10) ebenso wie die «Koalitionsfreiheit» (c. 16) und das Recht, theologischen Studien «entsprechend der gesetzlichen Vorschrift» obliegen zu dürfen (c. 18). Selbstverständlich findet das Grundrecht der Christgläubigen, «ungehindert von jeglichem Zwang, ihren Lebensstand frei zu wählen» (c. 22) seine Grenze an innerkirchlichen Vorschriften, etwa des Eherechts. Soweit erweisen sich diese «Grundrechte» in erster Linie als *Proklamationen nach außen.* Deshalb ist gegenüber diesem Entwurf gefragt worden, ob die dort erwähnten Grundrechte überhaupt innerkirchlich einen konkreten Sinn, normativen und verbindlichen Charakter haben, ob sie also unmit-

29 Abgedruckt in deutscher Übersetzung u. a. in: Kein Grundgesetz der Kirche ohne Zustimmung der Christen, mit Beiträgen von *J. G. Gerhartz, W. Kasper* und *J. Neumann,* hrsg. von *F.-J. Trost,* 1971, 45–82.

telbar anwendbares Recht darstellen sollten oder ob sie nur als sogenannte «Programmsätze» zu verstehen waren[30].

Eindeutige innerkirchliche Anrechte sahen nur die cc. 20 und 21 vor: Sie sicherten Rechtsschutz aufgrund vorgegebener allgemeiner Gesetze zu.

In dem Bestreben, formal möglichst viele Menschenrechte in die innerkirchliche Rechtsordnung zu übernehmen, hat die Kommission augenscheinlich weder theologisch noch rechtstheoretisch die Frage erörtert, ob es möglich ist, Gebote und Weisungen des Herrn in Gesetze der Kirche umzugießen. Sie war (und ist) sich offenbar darüber nicht im klaren, daß in dem Augenblick, da eine «göttliche» Weisung in ein «kirchliches» d. h. also immer auch «menschliches» Gesetz transformiert wird, diese Weisung ihr Spezifikum verliert[31]: Sie wird zur lex ecclesiastica, zum «menschlichen», weil von Menschen formulierten, adaptierten, erlassenen und anzuwendenden «Gesetz» im technischen Sinn. Aber auch jene andere Frage ist offensichtlich nicht genügend bedacht worden, nämlich, welche umfangmäßigen und inhaltlichen Modifikationen notwendig sind, damit die Menschenrechte überhaupt in der innerkirchlichen Ord-

30 Vgl.: *J. Neumann,* Zum Entwurf einer Lex Fundamentalis Ecclesiae. Gesetzestechnische Anmerkungen, in: Begegnung. Festschrift für H. Fries, 1972, 369–387, hier: 376–377.

31 Vgl.: *H. Kantorowicz,* Der Begriff des Rechts (s. a. 1957) 59: Wenn eine ethisch-religiöse Regel in eine Rechtsregel verwandelt wird, ist «der Preis dieser Umwandlung ... der Verlust ihres Charakteristikums, daß sie dem Menschen ein inneres Verhalten abverlangt(e).» Nach Fertigstellung des Manuskriptes erschien ein wichtiger und umsichtiger Aufsatz von *G. Luf* (Grundrechte und kirchlicher Rechtsschutz. Erwägungen zu einer hermeneutischen Rechtstheologie, in: ÖAfKR 26 [1975] 25–54), in dem er auch auf die Frage nach dem «ius divinum» (39–41) zu sprechen kommt.

nung wirklich *sinnvoll* anwendbares und konkretes Recht werden können. Dieser Frage soll zunächst nachgegangen werden.

Wenn das Evangelium das «Grundgesetz» der Kirche ist, kann man fragen, ob «christliche» Grundrechte für den innerkirchlichen Rechtsbereich nicht aus den Schriften des Neuen Testaments abgeleitet werden sollten statt aus säkularisierten Erklärungen. Allein, die neutestamentlichen Schriften sind Verheißungen und enthalten keine unmittelbaren «politischen» Handlungsanweisungen; sie sind erst recht keine Vorlagen für Kodifikationen, so sehr sie im Einzelfall auf konkrete Situationen der jungen Gemeinden Bezug nehmen und Anweisungen erteilen. Grundsätzlich jedoch sind sie von der Erwartung der nahen Wiederkunft des Herrn geprägt: Aus dieser Haltung, die die Zeit bis zur Ankunft des Herrn für begrenzt hielt, ziemte es sich denn auch, daß «jene, die Frauen haben, so leben, als hätten sie keine; die Weinenden so, als weinten sie nicht; die Frohen so, als freuten sie sich nicht; die Erwerbenden so, als besäßen sie nichts, und die sich mit der Welt befassen, als machten sie keinen Gebrauch von ihr. Denn die Gestalt dieser Welt vergeht...» (1 Kor 7,29-31). Je länger sich jedoch die Parusie verzögerte, um so mehr wuchs die Notwendigkeit, das jeweilige Verhalten der Christen durch Normen zu regeln, zu begrenzen und zu sichern. Dabei bediente sich die junge Kirche der Rechtsinstitute und Rechtsregeln, der Hausordnungen und Lebensanweisungen ihrer Umwelt[32]. Umgekehrt blieb die

32 Vgl. u. a.: *J. Neumann*, Der soziale Dynamismus, der der Kirche als Gemeinschaft eigen ist, und seine Rückwirkung auf den notwendigen Dynamismus des kanonischen Rechts, in: Concilium 5 (1969) 576-582.

gute Botschaft Jesu nicht ohne Einfluß auf die weltlichen Gesetze: sie wurden vom Geist der Milde, der Verzeihung und der Liebe Stück für Stück umgeformt.

Deshalb ist es auch heute der Kirche nicht verwehrt, Rechtsgedanken der gegenwärtigen Zeit aufzunehmen; dies um so weniger, als sie – wie die Menschenrechte – vom Einfluß des Evangeliums mitgeprägt sind.

Wenn der Grundrechtskatalog des letzten uns bekannten Entwurfs einer Lex Fundamentalis Ecclesiae (von 1971) hier nicht weiter behandelt werden soll, so bieten sich doch einige seiner Aussagen als Beispiele dafür an, wie wenig sinnvoll es ist, in förmlicher Anlehnung an die weltlichen Grundrechtskataloge ähnliche Aufstellungen für den kirchlichen Bereich zu versuchen, obwohl diese «Rechte» von der Kirche gar nicht unbeschränkt gewährt werden (können). Der Entwurf geht dabei von der allgemeinen Anerkennung der «der menschlichen Person eigenen Würde» aufgrund ihrer Gottebenbildlichkeit aus (c. 3). Dann allerdings folgt in jenem Text der bezeichnende Nachsatz «und tritt öffentlich für sie ein». Adressaten sind also zunächst offenbar die weltlichen Mächte! – Erst danach wird gesagt: «Ebenso anerkennt sie (nämlich die Kirche) die Pflichten und Rechte, die sich daraus ergeben, und schützt sie auch, weil die Menschen zum Heil berufen sind» (c. 3). – Wenn in c. 5 § 2 außerdem festgestellt wird, daß es allen Menschen freistehe, der Kirche Christi beizutreten, da es «ein auf der Menschenwürde selbst beruhendes Recht» sei, in religiösen Dingen «von jeglichem Zwang frei zu sein», so enthält das nur einen allgemeinen Grundsatz, nicht aber ein unmittelbar innerverbandlich garantiertes Grundrecht; ein solches wäre wohl erst in der – für die Kirche sicher problematischen – Umkehrung gegeben, wenn nämlich bestimmt würde, daß es jedem Menschen freistehe, aus der Kirche auszuscheiden, wenn er glaubt, daß ihm sein – wenn auch objektiv irrendes – Gewissen solches befiehlt. Es wäre heute an der Zeit zu prüfen, ob eine solche Sicherung der «negativen» Freiheit theologisch möglich wäre; sie würde eine Absage an den bisherigen kanonistischen Grundsatz bedeuten «einmal katholisch, immer katholisch» (im Grundsatz noch in c. 1099 § 1 CIC).

Ebenfalls ein bloßer Programmsatz ist der § 3 des nämlichen Kanons, der die Kirche verpflichtet und deshalb für berechtigt erklärt, alle Menschen, die in rechter Weise disponiert sind und dies wünschen, in die Kirche aufzunehmen. Es ist nicht zu bestreiten, daß diese Feststellung *eine* Seite des Grundrechts der Religions- und Bekenntnisfreiheit trifft. Gleichzeitig aber ist zu fragen, ob ein solch einbahniges Denken dem Wesen der Grundrechte entspricht und ob ein solchermaßen einbahnig gedachtes «Recht» überhaupt als Grundrecht zu bezeichnen ist. Daran knüpft sich die Frage, ob gerade dieses Grundrecht in so allgemeiner Form in der Kirche, als einer geistlichen Glaubensgemeinschaft, verankert werden soll; oder ob nicht vielmehr jeder Versuch, solches zu kodifizieren, dazu verurteilt ist, entweder eine formale Heuchelei zu sein oder einen inhaltlichen Abfall vom Auftrag der Kirche zu provozieren.

Wie leicht das Bestreben, möglichst viele Grundrechte in der kirchlichen Ordnung zu formulieren, zu peinlichen Banalitäten führt, mögen die cc. 12 und 13 des Entwurfs für ein kirchliches Verfassungsgesetz zeigen: Dort wird bestimmt, daß «alle Christgläubigen ... Pflicht und Recht haben, darauf hinzuwirken, daß der göttliche Heilsratschluß mehr und mehr alle Menschen ... überall auf der Erde erreiche» (c. 12). Man mag fragen, ob der Auftrag, «Gehet hin und machet zu Jüngern alle Völker» (Mt 28, 19), als ein «Grund*recht*» formulierbar ist. Gleiches wäre anzumerken, wenn c. 13 § 2 feststellt, daß es den Gläubigen freistehe, «ihre Bedürfnisse, besonders die geistlichen, und ihre Wünsche ihren geistlichen Hirten kundzutun». Was bedeutet es schließlich, wenn in c. 16 gesagt wird, daß es «den Christen» – welchen? – unbenommen sei, «unter Wahrung der erforderlichen Verbindung mit der zuständigen kirchlichen Autorität frei Vereinigungen zu gründen und zu leiten ...»? In welcher Relation steht hier die grundsätzlich zuerkannte Freiheit der Vereinsbildung zu der Einschränkung, «unter Wahrung der erforderlichen Verbindung mit der zuständigen kirchlichen Autorität»? Macht nicht diese nähere Bestimmung eine wirklich freie, d. h. von einem anderen Willen unabhängige Gründung illusorisch? – Dabei wäre es theologisch in diesem Fall durchaus legitim, alle «kirchlichen» Vereine, die als solche anerkannt sein wollen, von einer (vorgängigen) Genehmigung von seiten der kirchlichen Autorität abhängig zu machen. Warum also diese krampfhafte Nachahmung des Grundrechtssatzes von der Koalitionsfreiheit? Die Redaktoren hätten das von ihnen offenbar gewünschte Ziel auch erreicht, wenn sie zunächst die volle Freiheit der Gläubigen, sich zu religiösen oder karitativen Zwecken zusammenzuschließen, vorbehaltlos anerkannt hätten. Lediglich ein Auftreten solcher Vereinigungen im Namen der Kirche wäre von der «erforderlichen Verbindung und Genehmigung durch die zuständige kirchliche Autorität» abhängig zu machen.

Auch das in c. 14 des Entwurfs formulierte Recht der Gläubigen, «aus den geistlichen Gütern der Kirche vor allem die Hilfe des Wortes Gottes und der Sakramente von den ordinierten Hirten nach den Bestimmungen des Kirchenrechts zu empfangen», mag als notwendige Bestimmung eines wesentlichen innerkirchlichen Grundrechts gedacht sein. Dem Inhalt nach findet sich diese Aussage allerdings bereits im gegenwärtigen kirchlichen Gesetzbuch (c. 682). Wird der Anspruch auf geistliche «Versorgung» nun jedoch als ein Grundrecht formuliert, entstehen daraus weitreichende Konsequenzen: nämlich die absolute Verpflichtung der Kirche bzw. ihrer verantwortlichen Leitungsorgane, unter Zurücksetzung anderer – zweitrangiger Rechtsnormen – dafür zu sorgen, daß dieses «Grundrecht» auf geistliche «Versorgung» überall und allen Gläubigen gegenüber gewährleistet ist. An die daraus ableitbaren Konsequenzen dürften die Redaktoren kaum gedacht haben.

Dagegen ist für den innerkirchlichen Bereich die Frage von grundlegender Bedeutung, ob etwa alle Gläubigen vor dem Gesetz gleich sind und in gleicher Weise den Schutz der Gesetze genießen; denn *nur* wer die rechtliche Gleichheit aller Menschen bzw. aller Rechtsgenossen bejaht, nimmt den Satz von der Gottebenbildlichkeit aller Menschen wirklich ernst; nur die Anerkennung einer fundamentalen Gleichheit ermöglicht wirklich eine dem Menschen gemäße Freiheit[33]. – Weiter ist zu fragen,

33 Vgl.: *R. Marcic*, Rechtsphilosophie. Eine Einführung, 1969, 27–29; 205–232.

ob ein Willkürverbot den kirchlichen Oberen solche Rechtsakte untersagen soll, für die keine gesetzliche Grundlage gegeben ist;

ob ein Kirchenglied, das einer Unrechtshandlung im kirchenrechtlichen Sinn oder der Häresie beschuldigt wird, solange ein Recht hat, als unschuldig angesehen zu werden, bis seine Schuld von einem unabhängigen und gesetzmäßigen kirchlichen Richter festgestellt worden ist;

ob jeder Gläubige in der Kirche ohne Diskriminierung seinen Stand wirklich frei wählen kann, oder

ob alle diese Rechte durch das positive Recht begrenzbar sind, wie es nach geltendem Recht der Fall ist und wie es auch der Entwurf eines kirchlichen Gesetzbuches von 1971 vorsah.

Menschenrechte aber, die jeweils durch positives Recht *in der Substanz* begrenzbar sind, verdienen diesen Namen nach unserem heutigen Verständnis nicht. Die Grundrechte müssen vielmehr Norm und Grenze einer jeden Ordnung sein.

### *3. Grundrechte – Forderungen für ein künftiges Kirchenrecht?*

Seit die Diskussion um die Geltung von Grundrechten für die innerkirchliche Ordnung begonnen hat, wird immer wieder darauf hingewiesen, daß es zwar im kanonischen Recht noch keine *ausdrücklich* formulierten Grundrechte gäbe, die wichtigsten jedoch implizit bereits vorhanden seien. Man erinnert an den Rechtsschutz im Prozeßrecht (c. 1667), an das Recht der Laien, vom Klerus die geistlichen Güter zum Heil zu erlangen (c. 682), das Verbot, den Gläubigen rechtliche Lasten ohne Rechtsgrundlagen aufzuerlegen (z. B. cc. 346, 1502, 1506), und schließlich an das Recht eines jeden Christen, eine Ehe zu schließen, sofern er nicht durch das (kirchliche) Recht daran gehindert ist (c. 1035). «Die Grundrechte des Christen waren also im bisherigen Kirchenrecht zwar vorhanden, jedoch kaum reflex, sie standen sozusagen in seinem Halbbewußtsein»[34]. – Bei genauerem Zusehen stellt man fest, daß die im Kodex zu findenden Normen sicherlich geschichtlich notwendige und bedeutsame Stufen auf dem Weg zur Ausformung der Menschenrechte gewesen sind, sie aber insgesamt dem gegenwärtigen Verständnis von den Grundrechten kaum zu entsprechen vermögen. Das ist für eine so alte Rechtsordnung, wie es die kirchliche ist, an sich noch keineswegs ein Makel. Dennoch wird es heute allgemein als schwerwiegender Mangel empfunden, daß das kirchliche Recht noch immer keine förmliche Anerkennung menschlicher Grundrechte enthält. Um diesbezüglich Wandel zu schaffen, hatte bereits auf der Bischofssynode im Herbst 1967 der Präsident der Kodexreformkommission, Pericles Kardinal Felici, angekündigt, daß in einem künftigen Kodex die Rechte der Person besser ge-

34 *H. Heimerl*, Menschenrechte, Christenrechte und ihr Schutz in der Kirche, in: ThpQ 121 (1973) 26–35, hier: 27; vgl. auch: *J. Bayer*, De iuribus humanis fundamentalibus in statu iuridico christifidelium assumendis, in: Periodica 58 (1969) 29–58. *H. Heinemann*, Menschenrechte? in: ÖAfKR 25 (1974) 238–255. Vor allem sei an dieser Stelle hingewiesen auf eine der ersten Stimmen, die auf die Notwendigkeit kirchlicher Grundrechte ausführlich hingewiesen hat: *Charlotte Leitmaier*, Der Katholik und sein Recht in der Kirche. Kritisch-konservative Überlegungen, 1971, 143–183. Sie hat dort eine knapp gefaßte Magna Charta der christlichen Grundrechte aufgestellt.

schützt werden sollen[35]. Auch die internationale Kirchenrechtslehrertagung in Mailand vom Jahr 1973 hatte unter anderem den Schutz subjektiver Rechte zum Gegenstand ihrer Beratungen[36].

Allerdings muß in unserem Zusammenhang immer wieder auf ein doppeltes Problem hingewiesen werden: Nämlich zuerst auf die Tatsache, daß es nicht genügt, «Menschenrechtserklärungen» einfach unbesehen in die innerkirchliche Ordnung zu übernehmen. Außerdem muß die Frage gründlich durchdacht werden, ob und in welchem Umfang «Menschenrechte» überhaupt in die kirchliche Ordnung übertragen werden können, sofern diese Übertragungen nicht lediglich eine – für den Rechtsbereich unverbindliche – Überhöhung der «natürlichen» Menschenrechte in die «übernatürliche» Gnadenordnung bedeuten soll.

Ohne Zweifel ist nämlich beispielsweise das Grundrecht auf Gewissensfreiheit nur sehr bedingt und jenes auf *Bekenntnisfreiheit*, nur unter großen Einschränkungen im innerkirchlichen Rechtsbereich anwendbar[37]. Dies nicht

35 So vor allem im 6. Grundsatz: Der neue Kodex soll mehr als bisher auf den Schutz der Rechte der Person bedacht sein. Im 7. Grundsatz: Wahre und eigentliche subjektive Rechte müssen anerkannt und Rekursrechte aufgebaut werden. Vgl.: HerdKor 21 (1967) 530–533; AfkKR 136 (1967) 595–596; OssRom v. 1. 10. 1967 p. 3.

36 Vgl.: *E. Corecco*, Kritische Erwägungen zum zweiten internationalen Kongreß für kanonisches Recht in Mailand vom 10.–15. 9. 1973, in: AfkKR 142 (1973) 575–605, insbesondere 579–594. – Sehr weitreichend und grundsätzlich waren die Überlegungen der Canon Law Society of America vom Oktober 1968, die in eine «Deklaration der christlichen Freiheiten» mündeten: Idoc Nr. 68–49 vom 24. 11. 1968. Allerdings dürfte ihr Ansatz zu rationalistisch sein und zu unreflektiert von der Menschenrechtserklärung der UN ausgehen!

37 Vgl. u. a.: *R. Smend*, Glaubensfreiheit als innerkirchliches Grundrecht, in: Mensch und Staat in Recht und Geschichte, F. S. für H. Kraus, 1954, 211–222. Er kommt zu dem Schluß, «daß es dem Wesen der Kir-

etwa deshalb, weil sich der Mensch durch die Aufnahme in die Kirche seiner freien Gewissensentscheidung begibt, sondern weil er in seinem Gewissen dadurch eine Grundentscheidung *im Glauben* getroffen hat oder doch wenigstens hätte treffen sollen. Es ist der Kirche als einer communio caritas allerdings ihrem Wesen nach verwehrt, den ungläubig Gewordenen, den Abgefallenen, zur «Bekehrung» und damit zum Verbleiben in ihr zu zwingen. Eine solch geistliche Unmöglichkeit sollte freilich durch einen dementsprechend rechtlichen Verzicht gesetzlich ausgeschlossen werden.

Es müßte und könnte folglich das Recht des einzelnen Menschen auf seine freie geistliche Entscheidung gesetzlich im innerkirchlichen Recht verankert werden, dergestalt, daß ein Mensch, der sich nicht imstande sieht, im Sinne der Kirche zu glauben, die rechtlichen Konsequenzen aus seiner inneren Entscheidung auch nach außen hin ziehen kann. Der rechtfertigende Glaube verträgt Zwang ebenso wenig wie bloße Äußerlichkeit. Deshalb kann die Kirche denjenigen, der sich von ihr abwendet, der Barmherzigkeit Gottes überlassen, der einzig dem Menschen «ins Herz zu schauen» vermag. Es sollte darum überlegt werden, ob es nicht grundsätzlich eine Gewissensfreiheit für *den* Menschen geben muß, der der Kirche zwar formal angehört, seinen Glauben aber tatsächlich aufgegeben hat. Es muß ihm – rechtlich – offen stehen, seine Entscheidung gegen die Kirche und ihre Lehre treffen zu können und sich von ihr abzuwenden. Daß er dabei seiner innerkirchlichen Rechte verlustig geht, wird kaum als Diskriminierung bezeichnet werden

che ... widerspricht, grundsätzliche Freiheiten in und gegenüber der Kirche zuzugestehen» (221).

können, denn er verliert nichts, was er nicht zuvor schon aufgegeben hätte.

Dagegen ist eine pauschale Berufung auf die individuelle Meinungsfreiheit in Grundfragen des Glaubens *im Innenraum* der Kirche nach deren Selbstverständnis nicht möglich! Die kirchliche Gemeinschaft lebt wesentlich von der Einmütigkeit im heilschaffenden Glauben, von der communio in Glaube, Liturgie, Disziplin und Liebe. Wie weit es bezüglich einer «Hierarchie» der einzelnen Glaubenswahrheiten eine «Toleranzbreite» im theologischen Bereich wie im gläubigen Für-Wahrhalten des einzelnen geben kann, ist dann keine grundsätzliche Frage, sondern eine, die im Einzelfall von Theologie und Lehramt entschieden werden muß.

### a) Gewissensfreiheit – auch für das kirchliche Amt?

Schließlich ist zu beachten, daß heute unter Berufung auf die *Gewissensverantwortung* – als der Pflichtseite der Gewissensfreiheit – von kirchlichen Amtsträgern, Bischöfen wie Pfarrern, nicht selten objektives Recht oder Weisungen der kirchlichen Vorgesetzten bewußt nicht beachtet werden und damit nicht selten die positiven Rechte anderer verletzt werden. Das belastet eine Rechtsgemeinschaft dann erheblich, wenn eine solche Berufung auf das *eigene* Gewissen und *gegen* die Norm oder dienstliche Weisung von den *Amtsinhabern als solchen* praktiziert wird. Dieses Verhalten stellt die Gemeinsamkeit des objektiven Wertsystems und damit letztlich die ethisch-rechtliche Grundlage dieser Gemeinschaft in Frage.

Die Berufung des einzelnen auf sein Gewissen in einer

individuellen Einzelentscheidung kann hier grundsätzlich außer acht bleiben. Sie ist von der theologischen Lehre und dem positiven Recht oft behandelt und geregelt worden. Für eine geistliche Gemeinschaft wie die Kirche ist die Regelung dieser Frage wesentlich. Durch die subjektive Einzelentscheidung in *eigener Sache* wird jedoch weder die Gemeinschaft noch ihr Wertsystem gefährdet und ganz sicher nicht in Frage gestellt, auch wenn solche individuellen Einzelentscheidungen sehr häufig sein sollten. Deshalb hat die kirchliche Disziplin von alters her verschiedene Möglichkeiten für den gewissensmäßig bedingten Konfliktfall vorgesehen; auf verschiedene Weisen kann ein Ausgleich zwischen der objektiven Norm und dem subjektiven Gewissen herbeigeführt werden. Dies kann geschehen durch die förmliche Entscheidung der kirchlichen Autorität *in foro interno,* also im nichtöffentlichen *Rechtsbereich,* oder durch eine Entscheidung gemäß der *aequitas canonica,* der kanonischen Angemessenheit, bei der die kirchliche Autorität die subjektive Situation des Betroffenen gebührend berücksichtigt. Schließlich kennt die traditionelle Lehre auch die Möglichkeit einer individuellen Entscheidung unter Anwendung des Grundsatzes der *Epikie*: Weil das Gesetz nur den Normalfall regeln will, kann es im Einzellfall erlaubt, ja geboten sein, «unter Absehung vom Gesetzeswortlaut dem zu folgen, was die innere Gerechtigkeit und der gemeinsame Nutzen fordern»[38].

38 *Thomas von Aquin,* Summa theologica II–II q. 120 a. 1. – *R. Egenter* (Epikie, in: LThK III, 935) weist mit Recht darauf hin, daß die Epikie für den Aquinaten maßgebend für die Übung der Legalgerechtigkeit sei und «gleichsam eine höhere Regel für die menschlichen Akte bedeute.» Darum darf sie in seinem Verständnis nicht «zu einem Instrument schlauer Gesetzesumgehung» mißbraucht werden.

Dagegen ist der Fall wissenschaftlich kaum durchdacht, den wir heute nicht selten erleben, daß eben ein Amtsträger *als solcher* sich unter Berufung auf sein Gewissen weigert, ein kirchliches Gesetz zu beachten oder eine verbindliche Anordnung seines Vorgesetzten durchzuführen, selbst wenn dadurch obbjektive (Grund-) Rechte anderer verletzt werden. Dabei berufen sich dann diese kirchlichen Amtsträger – nicht anders als bei einer rein individuellen Gewissensentscheidung – notwendig auf eine bestimmte Interpretation eines göttlichen Gebotes oder eines dogmatisch-kirchenrechtlichen Satzes. Mit erstaunlich selbstsicherer Unbefangenheit wird diese (subjektive) Interpretation als Spruch des eigenen Gewissens ausgegeben. Meist wohl in unbewußter Anwendung des kantischen Verständnisses des Gewissens als jenes «Bewußtseins, das für sich selbst Pflicht ist», wird eine solche Haltung «mit der Konsequenz lebensfeindlicher Selbstgerechtigkeit»[39] vorgetragen und das objektive (Grund-)Recht anderer negiert. Dabei ersetzt die Berufung auf das Gewissen oftmals die Anstrengung des Geistes und die Mühe einer rationalen und argumentativen Diskussion.

So kann es beispielsweise geschehen, daß ein Seelsorger sich in einem konkreten Fall weigert, in einer bestimmten, von den Brautleuten gewünschten und rechtlich zulässigen Form einer Eheschließung, bei gemischten Ehen etwa in Form einer sogenannten «ökumenischen Trauung», zu assistieren[40]. Die Brautleute haben

39 *Ernst Wolf*, Gewissen, in: RGG³ II 1554.

40 Gemäß Motu proprio «Matrimonia mixta» vom 31. 3. 1970 (AAS 62 [1970] 257–263) und den Ausführungsbestimmungen der Deutschen Bischofskonferenz vom 23. 9. 1970 (AfkKR 139 [1970] 538–553) darf nicht nur die Ehe eines katholischen Christen mit einem Nichtkatholiken in der

sich ihrerseits zu dieser Form der Eheschließung (und der Ehe) aufgrund einer ihnen gesetzlich zugestandenen Freiheit ihres Gewissens entschieden. Es steht also eine – gesetzlich sanktionierte – freie Gewissensentscheidung gegen die Berufung des Amtsträgers auf sein Gewissen. Durch seine Weigerung wird das allgemeine Menschen- und Christenrecht auf freie Wahl des Ehepartners – und unter Umständen auf die Ehe selbst – schwer beeinträchtigt.

Es wird also durch diese Widersetzlichkeit im Amt gegen objektive kirchliche Disziplin das gesetzlich gesicherte Recht Dritter tatsächlich verletzt. Dazu hat Thomas von Aquin ausgeführt, daß «ein Mensch als Individuum mit gutem Recht eine Meinung verfechten mag», er jedoch als amtlich Befehlender sich in Rücksicht auf das Ganze Zurückhaltung auferlegen müsse und nicht das, was *er* für recht *hält*, zum Gesetz erheben dürfe[41]. Deshalb dürfen weder Bischof noch Pfarrer durch ihre subjektive Gewissensmeinung die objektiven Rechte der ihnen anvertrauten Gläubigen – auch nicht um größerer Frömmigkeit willen – schmälern.

Ein gültig zustande gekommenes und von der zuständigen Autorität erlassenes Gesetz hat stets die Rechtsvermutung für sich, daß es gerecht und vernünftig ist. Dies gilt insbesondere dann, wenn es bestimmte «Grundrechte» zu sichern sucht. Im Kollisionsfall muß sich darum derjenige Amtsträger, der sich unter Berufung auf sein Gewissen einem allgemeinen Kirchengesetz, das be-

Regel rechtlich nicht behindert werden, sondern hat er einen Anspruch auf «besondere Aufmerksamkeit und Hilfe» von seiten der katholischen Seelsorge.

41 Summa theologica I–II q. 19 a. 10. – Vgl.: *A. Müller,* Das Problem von Befehl und Gehorsam im Leben der Kirche, 1964, 159.

stimmte Grundrechte der Christen schützt, widersetzt, den Vorwurf der (Grund-)Rechtsverletzung gefallen lassen. Ist seine Widersetzlichkeit gerichtlich festgestellt, müßte die übergeordnete kirchliche Instanz für Abhilfe sorgen und dem objektiven Recht Geltung verschaffen.

Wie aber steht es, wenn ein Seelsorger in einem bestimmten Fall sich aufgrund intimer Kenntnis besonderer Umstände glaubt weigern zu müssen, einem Brautpaar bei der Eheschließung zu assistieren? Oder, wenn er sich weigert, ein Kind zu taufen, von dem er glaubt, mit moralischer Sicherheit annehmen zu dürfen, daß ihm keinerlei christliche Erziehung zuteil werden wird? – Nehmen wir an, in beiden Fällen wandten sich die Abgewiesenen an den Bischof; nehmen wir ferner an, dieser habe nach gründlicher Prüfung des Sachverhalts entschieden, daß das erbetene Sakrament nicht zu verweigern sei, die Petenten vielmehr ein «Christenrecht» auf das Sakrament hätten.

In dieser Situation ist es denkbar – und nicht selten vorgekommen – daß der Seelsorger eine geistlich richtige Entscheidung getroffen hat, während die bischöfliche Anordnung mehr aus seelsorglicher Opportunität und unter Berücksichtigung der bestehenden volkskirchlichen Verhältnisse entschieden haben mag. Was also, wenn nach dieser bischöflichen Anordnung der zuständige Seelsorger unter Berufung auf *sein Gewissen* die Vornahme der verlangten Amtshandlung wiederum ablehnt? Es steht dann also dem *grundrechtlich verbürgten Anspruch* auf Empfang eines Sakramentes bei rechter Disposition, die *Berufung* des Amtsträgers auf *sein Gewissen* entgegen, das ihm in diesem Einzelfall die Vornahme der verlangten Amtshandlung verbietet.

Auch in diesem Fall wird man davon auszugehen haben, daß der von der zuständigen kirchlichen Autorität bestätigte allgemeine Rechtsanspruch im Bereich der *objektiven* Rechtsordnung der *subjektiven* Gewissensentscheidung vorzugehen hat. Dies um so mehr, als es im Einzelfall möglich ist, daß der mit allen, oft zu vielen Einzelheiten vertraute Seelsorger nicht mehr den notwendigen Abstand für eine objektive Würdigung der Tatsachen besitzt. Daß an der Entscheidung der übergeordneten Autorität meistens mehrere erfahrene Fachleute beteiligt sind, die eine gewisse Gewähr für eine ausgewogenere Entscheidung bieten könnten, als das oft emotional bedingte Urteil des einzelnen, gibt für eine rechtliche Klärung unserer Frage wenig her und ist überdies kein stets überzeugendes Argument.

So sehr die kirchliche Autorität dafür zu sorgen hat, daß die Petenten zu ihrem Recht kommen, so wenig wird sie den sich auf sein Gewissen berufenden Seelsorger zur Vornahme von Amtshandlungen gegen sein Gewissen zwingen dürfen. Auf jeden Fall aber ist es ihr verboten, von ihm mehr als formellen (Amts-)Gehorsam zu verlangen[42]. Freilich schützt die Berufung auf sein Gewissen auch den kirchlichen Amtsträger nicht davor, daß er veranlaßt werden kann, aus seiner gewissensbedingten Haltung die – dienstrechtlichen – Konsequenzen zu ziehen. Denn jede Rechtsgemeinschaft lebt davon, daß vor allem ihre Amtsträger ihre – gerechten – Gesetze zumindest formal achten. Da der betreffende Seelsor-

42 *Thomas von Aquin,* Summa theologica II–II q. 104 a. 105: «Und darum ist der Mensch in dem, was die innere Willensbewegung betrifft, nicht gehalten, einem Menschen zu gehorchen, sondern Gott allein, *weil alle Menschen ihrer Natur nach gleich sind*» (Hervorhebung vom Verfasser).

ger sich auf ein objektives Grundrecht beruft, nämlich die Freiheit seines christlichen Gewissens, ist dieses sein Recht zu schützen. Nach den Grundsätzen eines «vorbildlichen Rechts» darf eine endgültige dienstrechtliche Maßnahme gegen ihn nur aufgrund eines ordentlichen Verfahrens getroffen werden, in dem er gehört wurde. So wie die Gläubigen vor seiner «Gewissenswillkür» zu schützen sind, darf auch er nicht dem Willen seines Oberen zur Kirchenraison ausgeliefert sein. Stehen im äußeren Bereich einer Gemeinschaft das Recht des Gewissens des einen gegen das Recht (des Gewissens) des anderen, muß die objektive Rechtsordnung einen förmlichen, d. h. prozessualen Weg zur Klärung des Konfliktes vorsehen.

Im Zusammenhang mit der Gewissens- und Meinungsfreiheit in der Kirche taucht heute manchmal die Frage auf, ob ein kirchlicher Amtsträger – ohne hinreichende Rechtsgrundlage und ohne definitives Urteil – berechtigt sei, unter Berufung auf sein Gewissen bestimmte, offiziell noch nicht verurteilte Lehren im Bereich seiner Zuständigkeit zu verbieten; oder ob es ihm gegebenenfalls zusteht, etwa einem umstrittenen, aber nicht zensurierten Theologen zu untersagen, zu predigen oder die Eucharistie zu feiern.

Gerade in diesen Fällen findet das subjektive Gewissen des kirchlichen Amtsträgers seine Grenze am objektiven Recht des anderen. Das bedeutet: So lange der zuständige Bischof etwa einem Presbyter (oder beauftragten Laien) die missio canonica nicht entzogen hat, steht es beispielsweise dem Pfarrer nicht zu, jemandem, der dort bislang das Recht hatte zu predigen und/oder der Eucharistiefeier vorzustehen, dieses zu verwehren. Was er – höchstens – darf, wenn er glaubt, sein Gewissen gebiete es ihm, ist eine förmliche und begründete Anzeige bei der zuständigen Autorität mit dem Ersuchen, ein ordentliches Verfahren gegen jenen einzuleiten. Mehr steht nicht in seiner Kompetenz! Damit soll nicht einfachhin ein «hegelianischer» Grundsatz[43] auf innerkirchliche Rechtsverhältnisse übertragen, sondern lediglich festgestellt werden, daß auch und gerade in der Kirche das Gewissen des Amtsträgers allgemein *nicht* schutzwürdiger ist, als die legitimen Rechte der Gläubigen. Sicher kann es hier zu – fast – unauflösbaren Konflikten kommen. Sie können theoretisch vielleicht nicht immer «aufgelöst» werden, und doch müssen sie in der Praxis durchgestanden, durchlitten werden, denn die objektive Rechtsordnung darf nicht durch die Berufung der Amtsträger auf ihr Gewissen unterlaufen werden.

Die Geschichte der Kirche weiß zur Genüge, wie leicht die «Gewissenhaftigkeit» der einen zum Gewissensterror gegen die anderen werden kann. Darum hat das kirchliche Recht seit je mit besonderer Sorgfalt darauf geachtet, daß zum Beispiel jenes Wissen, das im Zusammenhang mit dem Bußsakrament erworben wurde, niemals für Entscheidungen im äußeren Bereich verwandt werden darf. In dieser rigorosen Trennung des forum externum vom forum internum liegt ein wesentlicher und bedeutsamer Schutz der Freiheit des menschlichen Gewissens im kirchlichen Bereich. Dieser Schutz

43 Ähnliche Gedanken sind an verschiedenen Stellen bei *G. W. F. Hegel* zu finden. So etwa: «Ob aber das Gewissen eines *bestimmten Individuums* dieser Idee des Gewissens gemäß ist, ob das, was es *für gut hält* oder ausgibt, auch wirklich gut ist, dies erkennt sich allein aus dem *Inhalt* dieses gut sein Sollenden.» (Werke 7, Theorie. Werkausgabe Suhrkamp 1970, 255)

darf heute nicht verlorengehen dadurch, daß die Amtsträger selber sich auf ihr subjektives Gewissen berufen.

Eine ähnliche Diskrepanz zwischen Gewissensfreiheit des einen und positiven Grundrechten des anderen ist überdies auch der modernen Verfassungsrechtslehre nicht gänzlich unbekannt, wenn auch dort weithin nicht ausdrücklich in bezug auf das Amtsrecht behandelt[44].

Eine kirchliche Rechtsordnung, die den Christenrechten entsprechen will, muß somit dafür Vorsorge treffen, daß einerseits jeder im Rahmen der Grundaussagen des verbindlichen Bekenntnisses seinem Gewissen gemäß zu leben vermag, andererseits aber auch niemand gehindert wird, die ihm objektiv zustehenden Rechte wirklich wahrzunehmen. Dazu ist ein funktionierendes System kirchlicher Gerichte zur Gewährleistung der objektiv verbürgten individuellen Rechte die notwendige Voraussetzung. Eine jede Rechtsordnung ist nur so gut, wie sie das in ihr geltende Recht zu schützen und durchzusetzen vermag![45]

Das hier Gesagte darf nun allerdings nicht dahin mißdeutet werden, als dürfe es in der Kirche nur widerspruchslosen Gehorsam der Amtsträger geben, von dem Weihbischof *J. M. Reuß* gesagt hat, daß die Unterlassung des Widerspruchs unter Umständen noch mehr

44 Zu welch skurrilen Ergebnissen die Rechtslehre dabei etwa im Fall der Wehrdienstverweigerung aus Gewissensüberzeugung fähig ist, zeigt die These von *K. Brinkmann* (Grundrecht und Gewissen im Grundgesetz. Eine rechtsphilosophisch-staatsrechtliche Untersuchung, 1965, insbes. 157 ff) in der behauptet wird, daß derjenige, der aus Gewissensgründen den Wehrdienst verweigert, auch nicht zum Ersatzdienst herangezogen werden dürfe.

45 Vgl. Bericht von *H. Schmitz:* Kirchliche Verwaltungsgerichtsbarkeit. Bericht zum Stand der gesetzgeberischen Arbeiten, in: TThZ 84 (1975) 174–180 (Lit.).

sündhaft sei, als es Ungehorsam wäre[46]. Worum es hier geht, ist dies: Es steht in der Kirche niemandem, auch nicht den Autoritäten und Seelsorgern das Recht zu, unter Berufung auf ihr eigenes Gewissen und über die ihnen allgemein obliegende geistliche Verantwortung hinaus, die Gläubigen bei der Wahrnehmung der ihnen gewährten objektiven Rechte und ihrer subjektiven Gewissensentscheidung zu behindern. In der Gemeinschaft des Gottesvolkes, im Pluralismus seiner Traditionen und unterschiedlichen kulturell-gesellschaftlichen Gegebenheiten, hat jeder ein Recht darauf, vor einseitiger zelotischer Willkür geschützt zu werden. Deshalb findet das Recht des kirchlichen Amtsträgers, sich auf sein Gewissen zu berufen, seine Grenze an den legitimen Rechten der Gläubigen und ihrer von der kirchlichen Ordnung geschützten «Freiheit der Christen-Menschen».

Eine weitere, damit zusammenhängende Frage, nämlich nach dem Verhältnis der unvertretbaren Amtsverantwortung des Bischofs und der Pfarrer gegenüber Beschlüssen der ihnen zugeordneten Gremien braucht hier, weil nicht unmittelbar unser Thema betreffend, nicht eingehend behandelt zu werden. Eine kurze Bemerkung mag um der Vollständigkeit des Zusammenhangs willen genügen:

Wenn ein kirchlicher Amtsträger sich mit Beschlüssen eines ihm zugeordneten gesetzmäßigen Gremiums konfrontiert sieht, die er für nicht zulässig erachtet, ist nicht sein individuelles Gewissen gefordert, sondern seine sachlich begründete und umfassend argumentierende Amtsverantwortung. Es geht dann nicht darum, was er

46 Von der Freiheit im kirchlichen Gehorsam, in: Universitas. Festschrift für A. Stohr, I, 1960, 274–283, hier: 280–281.

für wünschenswert oder für vertretbar hält, sondern darum, ob der Beschluß objektiv gegen das eindeutige Glaubensgut der katholischen Kirche oder das allgemeine und verbindliche kanonische Recht verstößt. Diese seine zur Entscheidung herausgeforderte Amtsverantwortung wird selbstverständlich von seinem Gewissen getragen, doch kann er sich bei einem Dissens nicht damit begnügen, auf sein Gewissen zu verweisen, das ihm eine Zustimmung zu einem konkreten Beschluß unmöglich macht. Er hat die tatsächliche Unvereinbarkeit mit der allgemeinen Glaubenslehre, mit dem Kirchenrecht und mit den geltenden und verbindlichen Bestimmungen der kirchlichen Disziplin darzutun. Die Überzeugung seines Gewissens kann in diesem Stadium der Auseinandersetzung nicht allein entscheidend sein.

Wie die Menschenrechte allgemein heute um ihr Ansehen und damit um ihre argumentative Kraft gebracht werden, wenn sie für alle möglichen Ansprüche und Forderungen herhalten müssen, so bedeutet auch in der Kirche die immer häufiger zu hörende Berufung auf das eigene «Gewissen» notwendig eine Aushöhlung der Gewissensfreiheit. Wir sollten behutsam mit dieser Kostbarkeit umgehen, denn wir tragen sie in zerbrechlichen Gefäßen!

Eine ähnliche Schwierigkeit dürfte sich ergeben im Verhältnis zwischen *wissenschaftlich* forschender und kritisch rationaler Theologie auf der einen und dem *lehramtlichen* Bewahren und Tradieren der Glaubenshinterlage auf der anderen Seite. Als Gemeinschaft des Glaubens, der Hoffnung und der Liebe ist die Kirche notwendig sichtbar verfaßt und als solche insgesamt jenes Organ, durch welches die Wahrheit auf alle ausgegossen wird[47]. Nur die Gesamtheit dieses Volkes kann im Glauben nicht irren. Die Konsequenzen dieses Grundsatzes für die Ausübung auch des kirchlichen Lehramtes sind jedoch – so scheint es wenigstens – noch gar nicht genügend bedacht, geschweige denn verwirklicht[48]. Christlicher Glaube und damit auch kirchlicher Glaube ist ja keineswegs nur etwas statisch-juristisch Kodifizierbares, sondern ist stets auch geistlicher Lebensvollzug, ja Ereignis im Hl. Geist. Wenn auch der Geist den einzelnen «seine Gaben austeilt, wie er will» (1 Kor 12,11), muß doch der Glaube eines jeden einzelnen und einer jeden Teilgemeinschaft grundsätzlich mit dem Glaubenssinn der Gesamtkirche übereinstimmen. Doch auch diesbezüglich wissen wir, wie schwierig es ist, den allgemeinen Glauben nicht nur zu formulieren, sondern vor allen Dingen die verschiedenen Weisen des Sprechens von Gott aufeinander abzustimmen: Erinnert sei beispielsweise an das Auseinanderklaffen zwischen den allgemeinen, weithin reduzierten oder pervertierten Glaubensvorstellungen der Durchschnittschristen oder bestimmter reduzierter Glaubensformen derer, die sich für fromm halten, auf der einen Seite und dem rational durchdachten Glauben der Theologen auf der anderen Seite[49]. Trotz dieser feststellbaren und tatsächlich wohl

47 Konstitution «Lumen Gentium», über die Kirche Art. 8.

48 Um diese Frage ging letztlich der Streit um *H. Küngs*, Unfehlbar? Eine Anfrage, 1970. – Daß dieser Streit noch nicht entschieden ist, zeigen nicht nur «Fehlbar? Eine Bilanz» (hrsg. v. H. Küng, 1973), sondern vor allem auch die lehramtlichen Stellungnahmen: Mysterium Ecclesiae vom 24. 6. 1973 (AAS 65 [1973], 396–408) und die «Declaratio de duobus operibus Professoris Joannis Küng» der Glaubenskongregation vom 15. 2. 1975 (AAS 67 [1975] 203–204) und die Stellungnahme der Deutschen Bischofskonferenz vom 17. 2. 1975 (HerdKor 29 [1975] 182–184).

49 Vgl. dazu u. a. vor allem: *K. Rahner*, Ist Kircheneinigung dogmatisch möglich? in: ThQ 153 (1973) 103–118, bes. 103–108.

kaum behebbaren Differenzen würde eine grundsätzlich unbegrenzte *Bekenntnisfreiheit* dem Wesen der Kirche, als dem durch das *gleiche Bekenntnis* geeinten Volk, diametral widerstreiten. Die notwendige Einmütigkeit gläubigen Geistes bedeutet nämlich keineswegs konformistische Uniformität; vielmehr gibt es in der Weltkirche, wie das Konzil sagt, «zu Recht Teilkirchen, die aus ihren eigenen Überlieferungen leben»[50].

Wenn es daher im Raum der Kirche auch nicht möglich ist, den Grundsatz der Gewissens- und Bekenntnisfreiheit aus dem weltlichen Grundrechtskatalog einfachhin zu übernehmen, sollte doch die kirchliche Rechtsordnung darauf Rücksicht nehmen, daß es legitimerweise innerhalb der theologischen Lehre eine «Hierarchie der Wahrheiten» gibt[51]. Auch der «katholische Glaube» muß nämlich dem geschichtlichen Wandel des Welt- und damit auch des Glaubensverständnisses bzw. der Deutung bestimmter Inhalte der Glaubenshinterlage Rechnung tragen, soll der «lebendige Glaube» nicht zur Regel, zur bloßen «Lehre» erstarren. – Vor allem aber wäre – unter konsequenter Fortschreibung des bisherigen Rechts – das Recht der verschiedenen Teilkirchen auf ihnen gemäße liturgische und disziplinäre, aber auch theologische Ausdrucksformen als ein bedeutsames innerkirchliches *Grundrecht* festzustellen und zu sichern[52].

50 Konstitution über die Kirche Art. 13.

51 Dekret «Unitatis redintegratio», über den Ökumenismus, Art. 11. – *W. Dietzfelbinger* (Die Hierarchie der Wahrheiten, in: Die Autorität der Freiheit, hrsg. v. *J. Ch. Hampe*, II 1967, 619–624) hat auf die Bedeutung und die (hermeneutische) Begrenztheit dieses Begriffes hingewiesen. – *D. A. Seeber* (Die Frage nach den Maßstäben, ebenda III, 622–635) macht auf die Beziehung dieses Terminus zur gegenwärtigen *Glaubenssituation* aufmerksam.

52 Insbesondere: Dekret über den Ökumenismus Art. 16.

Damit hängt das Problem der innerkirchlichen freien Meinungsäußerung, Meinungsbildung und umfassenden Informationsmöglichkeit eng zusammen. Zweifellos ist ein Glaube leichter und sicherer zu bewahren und zu tradieren, wenn alle Meinungsäußerungen kontrolliert und alle ungebührlichen Äußerungen ferngehalten werden können[53]. Die Frage ist nur, wer in welchem Fall die entscheidende Instanz ist, welche die göttliche Wahrheit und die Fülle des Geistes fördert und «rein» erhält. Wenn man bedenkt, daß es so gut wie keinen bedeutenden Theologen weder jemals gegeben hat noch heute geben dürfte, der nicht wenigstens zeitweise oder in bezug auf bestimmte Äußerungen der Häresie verdächtigt worden ist, wird man die Behauptung vielleicht nicht als blasphemisch empfinden, daß die geistige Lebendigkeit der Kirche und das Walten des Geistes Gottes in ihr sich eben darin zeigen, daß die Grenzen des bisher Vertrauten und einfachhin Gewohnten, weil Gewöhnlichen, überschritten werden[54]. Die neuerdings zwar modifizierte, aber für die Geistlichen grundsätzlich immer noch bestehende Vorschrift, alle den Glauben betreffenden Druckerzeugnisse der zuständigen kirchlichen Autorität *vor* der Veröffentlichung zur Begutachtung vorzulegen, versucht zwar der innerkirchlichen Meinungsäußerung etwas mehr Raum als bisher zu geben. Dennoch wird sich gerade unter dem Gesichtspunkt der Rechtssicherheit diese neueste Form den Vorwurf der

53 Vgl.: *W. Kerber,* Innerkirchliche Gewissensfreiheit, in: StdZ 191 (1973) 1–2.

54 Vgl.: *J. Neumann,* Ketzerverfahren – eine Form der Wahrheitsfindung? Rechtshistorische Anmerkungen zum Ringen um die Rechtgläubigkeit, in: ThQ 154 (1974) 328–339; vgl. 89–125.

Halbherzigkeit gefallen lassen müssen[55]. Überdies ist heute zu bedenken, daß die Massenmedien auch in Sachen des Glaubens und der Kirche viele zu Wort kommen lassen, die sich dem kirchlichen Recht in keiner Weise unterworfen fühlen.

Die Kirche ist heute im allgemeinen weder technisch noch politisch in der Lage, die Diskussion über theologische Fragen und die Formen der Verwirklichung menschlichen und christlichen Lebens wirksam zu kontrollieren. Deshalb rückt eine solche Norm, die nur für den gutmeinenden Fachmann als «fortschrittlich» zu erkennen ist, die Kirche eben doch in eine peinliche Nähe zu den totalitären oder wenigstens rechtlich unterentwickelten Systemen, bei denen heute allein noch eine solche Vorzensur geübt wird.

Der kirchliche Gesetzgeber wird also wohl beraten sein, wenn er den Grundsatz der Glaubens- und Gewissensfreiheit als negatives Recht formuliert; als ein Recht also, das der einzelne beanspruchen kann, wenn er nicht mehr zu glauben willens oder in der Lage ist. In einem solchen Fall sollte die Kirche ihn nicht halten wollen, sondern ziehen lassen und der Barmherzigkeit auch seines Gottes anempfehlen.

Dagegen wäre deutlicher das Grundrecht auf eine bestimmte Form der *Meinungs- und Informationsfreiheit* zu bestimmen: Es wäre einerseits festzustellen, daß die Gläubigen in allen Lebensfragen, insbesondere in bezug auf das politische oder gesellschaftliche Verhalten, ein Recht nicht nur auf ungehinderte Informationsmöglichkeit, sondern auch auf freie Meinungsäußerung haben.

55 Dekret der Glaubenskongregation: «De Ecclesiae pastorum vigilantia circa libros» vom 19. 3. 1975 (AAS 67 [1975] 281–284).

Andererseits würde eine gesetzlich umschriebene Begrenzung dieser Rechte ihrem Charakter als Grundrechte keinen Abbruch tun. Sie könnten etwa – analog der Begrenzungsklausel in Artikel 5 Abs. 2 des Grundgesetzes – folgendermaßen beschränkt werden: «Das Recht der freien Meinungsäußerung und der ungehinderten Informationsmöglichkeit bezüglich theologischer, kirchlicher und kirchenpolitischer Angelegenheiten findet seine Schranken an der allgemein anerkannten katholischen Glaubenslehre, der universal verbindlichen katholischen Sittenlehre, dem geistlichen und leiblichen Wohl der Gläubigen in besonders gefährdeter Situation und der persönlichen Ehre.» Die Beschränkung eines Grundrechtes durch die Rechte anderer und durch korrespondierende Pflichten bedeutet nach allgemeiner Auffassung keine Beeinträchtigung eines Grundrechtes als solchen!

### b) Der Gleichheitssatz als Ausdruck der Gottebenbildlichkeit des Menschen

Das wesentlichste «Menschenrecht», das unmittelbar aus der Anerkennung der Würde der menschlichen Person und aus dem Charakter der Gottebenbildlichkeit des Menschen abgeleitet wird, ist der Grundsatz von der *Gleichheit*: Dieser fundamentale Grundsatz, wonach alle Menschen rechtlich – und geistlich – gleich zu behandeln sind, ist der Kirche keineswegs fremd: Im Ersten Korintherbrief finden wir die geradezu klassische christliche Formel für die geistgewirkte Einheit in Gleichheit und Vielfalt: «Denn wie der Leib eine Einheit ist und doch viele Glieder hat, und wie alle Glieder des Leibes, obschon eine Vielfalt, den einen Leib bilden, so ist es auch mit Christus: Sind wir doch alle in einem Geist zu einem Leib getauft, ob Juden oder Griechen, Sklaven oder Freie, und alle sind wir mit einem Geist getränkt» (12,12–13). Ja, man kann sagen, das Christentum ist *die* Religion von der in der Liebe Gottes grundgelegten *Gleichheit* aller Menschen. Deshalb ist für den Schreiber des Philemonbriefes der Sklave Onesimos nicht mehr Sklave, sondern geliebter Bruder: Das ist er «als Mensch wie um des Herren willen» (Vers 16).

In diesem Zusammenhang mag es der Erinnerung wert sein, daß das auf alten griechisch-römischen Quellen fußende Corpus Justiniani immer wieder betont, daß Sklaverei als völkerrechtliche Einrichtung dem Naturrecht *widerspreche*, weil es wider die Natur des Menschen sei, der Herrschaft eines anderen Menschen unterworfen zu sein. Von Natur aus seien vielmehr alle Menschen gleich[56]. Nicht nur Sklaverei, sondern auch die tiefgreifenden Standesunterschiede waren tatsächlich vorhandene Widersprüche gegen die aus christlichen und antiken Quellen stammenden Gleichheitsideen; diese Grundsätze brauchten Jahrhunderte, um sich gegen die herrschenden Gewohnheiten und die «Hartherzigkeit» durchzusetzen. Sie siegten schließlich, als christliche Humanität und kritische Rationalität sich zu politischem Handeln vereinten.

In dieser auch vom Geist des Evangeliums inspirierten abendländischen Tradition steht das II. Vatikani-

56 Institutiones I 2, 2; 3. Pandekten I 1, 4; I 5, 4, 1; I 1, 1. – Ob und inwieweit diesbezüglich Lev 19,18: «Halte lieb deinen Genossen, denn er ist dir gleich» (Übersetzung v. M. Buber) nachwirkt, mag dahingestellt bleiben. Vgl. auch Anm. 42!

sche Konzil, wenn es unter Bezugnahme auf die durch Christus im Hl. Geist grundgelegte Einheit aller Getauften sagt, daß das in der Kirche vereinte Volk Gottes geprägt sei durch die Würde und Freiheit der Kinder Gottes, in deren Herzen der Hl. Geist wie in einem Tempel wohne[57]. Deshalb bestehe in der Kirche zwar «eine Verschiedenheit des Dienstes, aber eine Einheit in der Sendung»[58]. Wenn auch bezüglich der Funktionen und Dienste eine Verschiedenheit besteht, weil und insofern «einige nach Gottes Willen als Lehrer, Ausspender der Geheimnisse Gottes und Hirten für die anderen bestellt sind, so waltet doch unter allen eine wahre Gleichheit in der allen Gläubigen gemeinsamen Würde und Tätigkeit zum Aufbau des Leibes Christi»[59]. Daraus darf man folgern, daß der Grundsatz der rechtlichen Gleichheit vom II. Vatikanischen Konzil auch für den innerkirchlichen Bereich deutlich ausgesprochen ist. – Es ist nun am kirchlichen Gesetzgeber unter Wahrung und Beachtung funktionaler Verschiedenheit des Dienstes dafür zu sorgen, daß auch in der Kirche «Gleiches gleich» behandelt wird; denn der «Gleichheitssatz ist Emanation und Instrument zur Verwirklichung des menschlichen Freiheitsrechts»[60] und zur Sicherung der Personenwürde des Menschen. Dieser Grundsatz besagt keineswegs, daß jeder in jeder Beziehung und unter jeder Voraussetzung rechtlich gleich behandelt werden müsse, sondern verlangt gerechte Gleichbehandlung derer, die

57 Konstitution über die Kirche Art. 9.

58 Dekret «Apostolicam Actuositatem», über das Laienapostolat Art. 2.

59 Konstitution über die Kirche Art. 32: «. . . vera tamen inter omnes viget aequalitas quoad dignitatem et actionem cunctis fidelibus communem circa aedificationem Corpus Christi.»

60 *H. P. Ipsen*, Gleichheit, a.a.O. 126.

gleich sind und insofern sie gleich sind. Durch das Verbot der – in jedem Fall ungerechtfertigten – Willkür, wird der Gleichheitssatz zur formalen Voraussetzung und Gewährleistung für die Verwirklichung der Gerechtigkeit und Ausdruck der menschlichen Freiheit, weil und insofern in ihm die gottebenbildliche Würde des Menschen ihren Ausdruck findet. Der Grundsatz von der fundamentalen rechtlichen Gleichheit aller Menschen soll nach dem Willen der Pastoralkonstitution «Gaudium et spes» überall «immer mehr zur Anerkennung gebracht werden» (Art. 29). Deshalb wird auch die innerkirchliche Ordnung daraufhin zu prüfen sein, ob und in welchem Umfang beispielsweise die Rechte und Pflichten von Klerus und Volk über das durch die unterschiedlichen Funktionen bedingte Maß hinaus so verschieden sein müssen, wie es heute noch für wesentlich gehalten wird (c. 107).

Die katholische Kirche weiß die unter allen Gläubigen waltende «wahre Gleichheit» und die ihnen innewohnende «gemeinsame Würde und Tätigkeit zum Aufbau des Leibes Christi» in der Taufe begründet[61]. Doch diese «Einheit in der Sendung» schließt nach Auffassung auch des II. Vatikanischen Konzils eine «Verschiedenheit des Dienstes» keineswegs aus. Diese Verschiedenheit wird vielmehr als eine theologisch begründete geistige Urtatsache gewertet: Unter den Gliedern des Gottesvolkes «herrscht eine Verschiedenheit, sei es in den Ämtern ...; sei es in Stand und Lebensordnung ...»[62]. Deshalb unterscheiden sich auch das immer wieder berufene «allgemeine Priestertum der Gläubigen und das

61 Konstitution über die Kirche Art. 32.
62 Ebenda Art. 13.

Priestertum des hierarchischen Dienstes dem Wesen und nicht bloß dem Grade nach, wobei sie aufeinander zugeordnet sind»[63].

Somit versteht sich die Kirche bis in die Gegenwart als eine societas inaequalis, als eine Gemeinschaft also, in der die Amtsträger von den «einfachen Gläubigen» dem Wesen nach und nicht nur durch die ihnen obliegenden Funktionen unterschieden sind. Sie sind kraft ihrer Ordination zum hl. Dienst ausgesondert und gehören einer anderen Seinsweise an. Darum kann nach dem traditionellen kirchlichen Selbstverständnis der Gleichheitssatz in bezug auf die kirchlichen Ämter und Dienste nur mit wesentlichen Einschränkungen übernommen werden. Hier zeigt sich exemplarisch jene Spannung, die immer dann entsteht, wenn Rechtsgrundsätze, die verschiedenen Entwicklungsstufen zugehören, miteinander harmonisiert werden sollen. Dabei ist unstrittig, daß jede Institution das Recht hat, die Zulassung zu ihren Ämtern von bestimmten sachlichen und persönlichen Voraussetzungen abhängig zu machen. Überdies ist aus keinem Grundrecht ein Anspruch auf eine bestimmte Funktion oder ein besonderes Amt abzuleiten. Vor allem Leitungspositionen werden in Staat, Wirtschaft und allen gesellschaftlichen Institutionen «frei» vergeben, d. h. ohne daß allgemein jemand einen individuellen Anspruch darauf erheben könnte.

Wird jedoch die Zulassung zu gewissen Ämtern und Funktionen ausdrücklich oder tatsächlich *allgemein* und *grundsätzlich* vom Geschlecht oder vom Ledigenstand

63 Konstitution über die Kirche Art. 10: «Sacerdotium autem commune fidelium et sacerdotium ministeriale seu hierarchicum, licet essentia et non gradu tantum differant, ad invicem tamen ordinantur.»

abhängig gemacht, so wird das heute weithin unter dem Gesichtspunkt der Menschenrechte zumindest als problematisch empfunden. Psychologisch und rechtspolitisch betrachtet stellt darum die Tatsache, daß die katholische Kirche grundsätzlich und von vornherein (mehr als) die Hälfte ihrer Mitglieder aufgrund ihres Geschlechtes von den Leitungsämtern ausschließt, eine nicht zu unterschätzende Belastung dar[64].

*Juristisch* betrachtet stellt zwar die von einem bestimmten theologischen Selbstverständnis der Kirche her begründete gesetzliche Begrenzung des Gleichheitssatzes in bezug auf den Zugang zu den presbyterialen Ämtern keine unmittelbare Verletzung eines Grundrechtes dar. Dies deshalb, weil, wie oben gezeigt wurde, die Menschenrechte, auch wenn sie als vorgegebenes Recht anerkannt werden, stets der ideellen Rezeption durch die je-

64 Wie umfassend belastend eine solche Haltung für die Glaubwürdigkeit der christlichen Botschaft ist, zeigt *E. Moltmann-Wendel* (Menschenrechte für die Frau. Christliche Initiativen zur Frauenbefreiung, 1974). – *I. Raming* (Ausschluß der Frau vom priesterlichen Amt. Gottgewollte Tradition oder Diskriminierung? 1973) kommt als Ergebnis ihrer historischen Untersuchung zu dem Schluß: «Die Behebung der tiefgreifenden Störung im Geschlechterverhältnis, von der vor allem die Kirche noch heute belastet ist, kann billigerweise und aufgrund der erwähnten Zusammenhänge nicht allein von der amtlichen Kirche erwartet werden, sondern es muß sich von der Basis her eine Bereitschaft zur Emanzipation der Frau und zur Bildung partnerschaftlicher Lebensformen zwischen Männern und Frauen entwickeln. ... – Die Erneuerung der Kirche, d. h. die Heranbildung ihrer Glieder zu lebendigen und überzeugenden Christen, die als solche nur fähig sind, menschenunwürdige Strukturen und Verhältnisse in der Kirche abzubauen und dadurch der Gesellschaft ein Vorbild zu geben, wird ohne die Befreiung der Frau zum mündigen, verantwortungsbewußten Menschsein und ohne ihre aktive Teilnahme am amtlichen Dienst der Kirche nicht gelingen können» (231–232). – Andererseits hat die «Päpstliche Studienkommission für die Frau» festgestellt, daß die Kirche sich nicht verschließen könne «gegenüber den gerechten Forderungen, die Frau von jeglicher ihre Menschenwürde beleidigenden Diskriminierung zu befreien». So ihr Präsident Bischof Enrico Bartoletti (OssRomdeutsch vom 19. 7. 1974, S. 3).

weilige Rechtsgemeinschaft und der gesetzlichen Konkretisierung durch den Gesetzgeber bedürfen. Dennoch macht der *totale* Ausschluß der Frau von allen geistlichen Diensten, die die Ordination voraussetzen, ein bedenkliches Maß an fundamentaler *rechtlicher* Ungleichheit und eine bedauerliche Verkürzung des Menschenbildes der Frau und ihrer Rolle im Heilsplan Gottes[65] offenkundig. Das aber dürfte dem Bemühen der Kirche, den Menschenrechten in der Weltöffentlichkeit zur Durchsetzung zu verhelfen, abträglich sein. Um das glaubwürdige Zeugnis der Kirche aber geht es heute in erster Linie bei der Erarbeitung einer kirchlichen Charta der Menschen- und Christenrechte!

Der Gedanke der umfassenden und fundamentalen Gleichheit hat seit dem II. Vatikanischen Konzil auch für den Binnenbereich der katholischen Kirche wieder unmittelbare verfassungsrechtliche Bedeutung gewonnen. Er gilt grundsätzlich unbeschränkt. Allein bezüglich der Zulassung zu den presbyterialen Leitungsäm-

65 *P. Jordan* (Die Töchter Gottes. Zum Thema Frau in der Kirche, 1973) stellt wohl zu Recht fest: «Menschheit ist Ganzheit nur in der Einheit dieser beiden Pole. Bleibt die Polarität nicht gewahrt, so ist das Gleichgewicht menschlicher Existenz gestört. Die Schöpfungsökonomie wurzelt in der absoluten Ebenbürtigkeit der Gleichwertigkeit beider Geschlechter und in ihrer Gottebenbildlichkeit. Es kann und darf keine Vorrangstellung des einen oder anderen geben, die aus der Verschiedenheit ihrer Anlagen und Fähigkeiten abzuleiten wäre. ... Ist es ein Verdienst Frau oder Mann zu sein? Oder ein Nachteil? Haben nicht beide ihre Mütter und Väter? Wie absurd ist es hier überhaupt, Wertunterschiede zu machen, als ob nicht beide Geschlechter in ihrer Personenwürde gleichrangig wären.

... Es ist unumgänglich, daß aus solcher Einsicht auch in der Kirche in wesentlich größerem Ausmaß als bisher, und dies je bälder desto besser, eine neue Besinnung Raum gewinne auf die bislang noch ungenutzten Möglichkeiten, die Gnadengaben der Frau zum Heil des ganzen Gottesvolkes nutzbar zu machen, in Anerkennung ihrer ‹ewigen Würde in Gott›.» (141–142)

tern erfährt er aufgrund theologischer Begründungen eine bedeutsame Einschränkung. Man wird zugeben müssen, daß die Kirche von ihren theologischen Voraussetzungen her besonders in bezug auf *dieses* Grundrecht durchaus nicht wegweisend ist.

Das gilt in besonders leidvollem Maß vor allem bezüglich der sogenannten «laisierten» Priester. Sie werden nicht etwa als «Laien» im Rechtssinn behandelt, sondern bleiben bestimmten restriktiven Sonderbestimmungen unterworfen. Vor allem sind sie nach der allgemein gültigen Ordnung von jeglichem Verkündigungsdienst ausgeschlossen.

Das sogenannte «Laisierungsverfahren» dürfte in bezug auf die christlichen Grundrechte eines der juristisch trübsten Kapitel der gegenwärtigen kirchlichen Rechtspraxis sein. Diese Beurteilung wird auch nicht dadurch freundlicher, wenn man bedenkt, daß es letztlich erst seit 1964 für Priester die Möglichkeit gibt, in einem quasi-förmlichen Verfahren von ihren priesterlichen Pflichten entbunden zu werden. C. 214 CIC sah eine Entbindung von den Pflichten nur vor bei Nachweis, daß die Weihe unter dem Einfluß von schwerer Furcht empfangen worden sei. Entpflichtungen auf dem Gnadenweg kamen kaum vor; wenn sie jedoch einmal ausnahmsweise gewährt wurden, dann nur unter höchst diskriminierenden Auflagen. – Auch das neu geordnete Verfahren vom 13. 1. 1971[66], über das im Einzelfall Stillschweigen bewahrt werden soll (II 3e; VI 2), ist diskriminierend genug. Hart sind für den Betroffenen die Folgen: Grundsätzlicher Ausschluß von allen geistlichen

66 AAS 63 (1971) 303–312.

Diensten (VI 4 a-e) und – wenigstens theoretisch – Verbannung von jenen Orten, an denen sein Priestersein bekannt sein könnte (VI 1). Tut der Antragsteller nicht gut, behält sich die Kirchenleitung überdies das Recht vor, noch *nachträglich* zu erklären, daß der Betreffende dispensiert wurde, «weil die Kirche ihn nicht für die Ausübung des priesterlichen Dienstes geeignet hielt» (VI 3). – Außerdem kann jeder Geistliche nach diesem schwer durchschaubaren Verfahren, das kein förmlicher Prozeß ist, aus dem geistlichen Stand ausgeschlossen werden, wenn ihm schlechter Lebenswandel, Irrtümer in der Lehre oder ein anderer schwerer Grund angelastet werden (VII). Solches war bislang nur in einem ordentlichen Prozeßverfahren möglich! Im Zeitalter der Menschenrechte jedoch ist leider festzustellen, daß für die Priester die wesentlichen Menschenrechte, insbesondere das Gleichheitsgebot, auch durch die neuere Entwicklung keinesfalls gesichert sind. Wie sich die römische Kirchenleitung eigentlich ihr Schicksal vorstellt, mag die einschlägige Bestimmung des Italienischen Konkordats von 1929 zeigen, das in diesem Punkt leider noch keiner Revision unterzogen worden ist: Abgefallene oder mit einer Zensur belegte Geistliche dürfen danach zu einem staatlichen bzw. öffentlichen «Lehramt, einem Amte oder einer Anstellung, bei denen sie in unmittelbare Berührung mit dem Publikum kommen, weder angenommen noch darin gehalten werden» (Art. 5 Abs. III). Dabei müßten gerade die kirchlichen Dienstherren sich ihrer schweren sittlichen Verpflichtungen bewußt sein, daß sie auf jeden Fall entsprechend der in der Kirche geleisteten Dienstzeit für die Altersversorgung auch der «Laisierten» beizutragen haben.

Es ist die Frage, ob die Kirche als eine in die jeweilige Zeit eingebundene Institution, auch wenn sie sich ihrem Ursprung und ihrer Aufgabe nach als nicht von dieser Welt versteht, eine solch «gespaltene» Bejahung eines im übrigen aus der Gottebenbildlichkeit des Menschen abgeleiteten Grundrechts ohne Schaden für die Glaubwürdigkeit ihres Auftrags durchzuhalten vermag.

### *4. «Evangelische» Grundrechte*

Wenn die Ordnung der Kirche «vorbildliches Recht» sein soll, kann es nicht nur darum gehen, einen weltlichen Grundrechtskatalog, etwa die Menschenrechtserklärung der Vereinten Nationen, undifferenziert in die kirchliche Lebens- und Rechtsordnung zu übernehmen. Das kirchliche Recht darf sich die Mühe nicht ersparen, diese Grundsätze, auch jene, die auf den ersten Blick in der Kirche kaum gefährdet erscheinen wie die Grundrechte auf politische Freizügigkeit (Art. 13), auf Ruhe und Freizeit (Art. 14), auf soziale Sicherheit (Art. 22) und Arbeit (Art. 23) in eine für den innerkirchlichen Bereich sinnvolle Form umzuprägen. Auch in der Kirche gab und gibt es tatsächlich vielfältige und subtile Weisen, wie selbst diese so profan erscheinenden Rechte verletzt werden.

Wichtiger dürfte es jedoch sein, spezifisch christliche, aus dem Evangelium ableitbare «Rechte» zu formulieren und als Normen, die der Eigenart der Kirche besonders entsprechen, zu kodifizieren. Das ist allerdings nicht zuletzt deshalb kein einfaches Unterfangen, weil eine solche gesetzliche Kodifikation dem dynamischen, vom

Geist des Herren erfüllten Wesen der Hl. Schrift zu widerstreiten scheint. Solchen Bedenken gegenüber ist allerdings darauf hinzuweisen, daß die Frohbotschaft wesentlich zur Ausformung der Menschenrechte beigetragen hat. Wenn es dabei andererseits wahr ist, daß auch in der Kirche diese Menschenrechte – durch Menschen – auf vielfache Weisen mißachtet worden sind, dann müssen dagegen geeignete Sicherungen vorgesehen werden. Die Menschenrechtsgedanken sind letztlich nichts anderes als die logische Weiterbildung und Konkretisierung des allgemeinen Rechtsgedankens unter konsequenter Achtung der aus dem Gedanken der Gleichheit und der Gottebenbildlichkeit abgeleiteten Würde des Menschen.

Das Neue Testament kennt bereits bestimmte Ordnungsformen und übernimmt passende Rechtsgrundsätze aus seiner Rechtsumwelt als Re-Aktion auf konkrete Unzuträglichkeiten, denen zu begegnen war. Deshalb widerspricht es keineswegs der christlichen Berufung «zur Freiheit, dem herrlichen Gut der Kinder Gottes» (Röm 8,21), wenn die Kirche in einer späteren Stunde ihrer Geschichte, nämlich heute, die gottebenbildliche Würde der Getauften förmlich anerkennt und durch positive Normen zu sichern sucht. Wenn gegenwärtig in der Kirche das Verlangen laut wird, Christenrechte zu schützen, so muß das nicht nur dem allgemeinen egoistischen Sicherheitsbedürfnis des heutigen Menschen entspringen. Es kann auch eine elementar christliche Wurzel haben: Niemand kann behaupten, «Gott zu lieben, den er nicht sieht, wenn er keine Achtung vor seinem Menschenbruder hat, den er sieht» (1 Joh 4,20). Somit ist es der Kirche als einer geordneten, mit Recht bewehrten Gemeinschaft aufgetragen, durch ihre Lebensordnung die Würde des Menschen, des Christen, immer tiefer zu erkennen, immer deutlicher zu bezeugen und immer umfassender zu achten und zu schützen[67].

## 5. *Den Rechten entsprechen Pflichten*

Es kann keinem Zweifel unterliegen, daß allen Rechten, auch den sogenannten Grundrechten, stets Pflichten gegenüberstehen. In der Kirche wurde (und wird) allerdings fast ausnahmslos vom Recht der Hierarchie, etwa zu lehren und zu leiten, und von den Pflichten der Gläubigen, sich belehren und führen zu lassen, geredet. Dabei wird übersehen, daß notwendig den Pflichten immer bestimmte Rechte korrespondieren. Und umgekehrt! *Theoretisch* hat das kirchliche Recht dies immer vertreten. *Tatsächlich* jedoch war dieses Bewußtsein weithin verkümmert. Vor allem das Theologumenon, daß die Kirche eine «ungleiche Gesellschaft» sei, in der die einen zu leiten und die anderen zu folgen haben, führte auf Dauer notwendig zur Unfähigkeit, Rechte wahrzunehmen, aber auch Pflichten zu erfüllen![68]

67 Es genügt also nicht, wenn die Kirchen heute von den Menschenrechten ausgehend eine «Theologie der Befreiung» propagieren. Für den praktischen Vollzug der Menschenrechte in der Welt sind sie als Institutionen gerade unmittelbar nicht zuständig, wie irrig *J. Moltmann* (Wer vertritt die Zukunft des Menschen? in: EvKomm 5 [1972] 399–402) glaubt postulieren zu sollen. Verwirklichung der Menschenrechte heißt für die Kirche zuerst einmal, sie in ihrem eigenen Lebens- und Rechtsbereich durchzusetzen und zu sichern. Der Auftrag der Kirchen ist von der Hl. Schrift her «katholisch»; er darf deshalb nicht eingeschränkt werden auf jene, von denen man zu behaupten pflegt, sie seien ihrer «menschlichen Rechte und Freiheiten» beraubt (402).

68 Vgl. statt vieler Belege nur: *A. Görres*, Pathologie des katholischen Christentums, in: Handbuch der Pastoraltheologie II/1, 1966, 277–343,

Aus dem Status des Christseins ergeben sich Recht und Pflicht eines jeden Getauften, als Christ zu leben, das Seine für die Auferbauung der Gemeinde beizutragen und Zeugnis zu geben von der herrlichen Berufung der Kinder Gottes. Deshalb ist ein jeder Christ auch mitverantwortlich für die Ausbreitung und die Glaubwürdigkeit der Frohbotschaft[69]. Zu einem solch allgemeinen und umfassenden Apostolat haben alle Gläubigen «*Pflicht und Recht* ... kraft ihrer Vereinigung mit Christus, dem Haupt»[70].

### a) Recht zur Solidarität und Mitverantwortung

Diejenigen, «die dem Dienst Gottes geweiht», für die Schwestern und Brüder «das ihnen übertragene Amt erfüllen, haben einen Rechtsanspruch auf eine gerechte Entlohnung»[71]. Dieser Rechtsanspruch richtet sich gleichermaßen gegen den jeweiligen Bischof wie gegen die Gläubigen der betreffenden Teilkirche. Was im Einzelfall als «gerechte Entlohnung» zu bezeichnen ist, wird jeweils unter Berücksichtigung des allgemeinen Lebensstandards und ausgehend vom Grundgedanken der Solidarität festgelegt werden müssen. Die Notwendigkeit einer solchen Konkretisierung macht jedoch zugleich deutlich, daß bei dieser Entscheidung *alle* Betroffenen,

insb. 326 ff. Außerdem: *Ch. Leitmaier,* Der Katholik und sein Recht in der Kirche 45 ff., 148 ff.

69 Konstitution über die Kirche Art. 33; Dekret über die Missionstätigkeit der Kirche Art. 36.

70 Dekret über das Laienpostulat Art. 3 (Hervorhebung vom Verfasser).

71 Dekret über Dienst und Leben der Priester Art. 20. – Die existentiellen, geistlichen Konsequenzen christlicher Solidarität hat *P. Eicher* (Solidarischer Glaube. Schritte auf dem Weg der Freiheit, 1975, insb. 79–93) auszuleuchten versucht.

nämlich sowohl jene, die zu zahlen haben, wie jene, die bezahlt werden, mitwirken müssen. Gerade am Grundrecht auf den gerechten Lohn wird die Ambivalenz zwischen *Pflichten* und *Rechten*, in diesem Fall den Mitbestimmungsrechten, deutlich!

Man kann denjenigen, die verpflichtet sind, einen finanziellen Beitrag für die Arbeit der Kirche zu leisten, eine angemessene und wirksame Mitwirkung bei der Verteilung der Mittel und gegebenenfalls bei der Bestimmung der Höhe der Beiträge nicht verwehren. Die Erfüllung der Pflicht, die Armen und Waisen, aber auch jene zu unterstützen, die sich um das Evangelium mühen (Gal 6,6), ist für den Schreiber des Ersten Johannesbriefes die Probe auf die Echtheit des Glaubens: «Wenn jemand hat, was er zum irdischen Leben braucht, und seinen Bruder daran Mangel leiden sieht, und er verschließt sein Herz vor ihm – wie kann die Liebe Gottes in ihm Bestand haben?» (3,17). – Die Tatsache, daß die Kirche ein heiliges Volk Gottes ist, insgesamt zu Zeugnis und Verkündigung berufen, erweist somit den Grundsatz von der *Solidarität* im Glauben und aus dem Glauben als einen wesentlich *geistlichen* Grund*rechts*satz. Solche geistlich begründete Solidarität aber ist nur möglich in einem umfassenden geistig-geistlichen Austausch; ein solcher Austausch umfaßt notwendig die grundlegende *Pflicht* und das fundamentale *Recht* der verantwortlichen Mitwirkung und gestaltenden Mitbestimmung aller. Dabei sind die jeweiligen Modalitäten gemäß der besonderen Eigenart der Kirche und den unterschiedlichen Gegebenheiten in verschiedenen Regionen der Welt festzulegen.

Anders als das Mitwirkungs- und Demokratiegebot

der Menschenrechtserklärung der Vereinten Nationen (Art. 21) wurzelt daher das aus dem Grundrecht der geistlichen Solidarität abgeleitete Mitbestimmungsrecht der Gläubigen im Wesen der Kirche als einer vom Geist belebten und ständig von ihm getragenen Gemeinschaft; denn sie ist insgesamt «das von der Einheit des Vaters und des Sohnes und des Hl. Geistes her geeinte Volk»[72].

Die Kirche versteht sich als «Gemeinschaft des Glaubens, der Hoffnung und der Liebe», die der einzige Mittler Christus «hier auf Erden als sichtbares Gefüge verfaßt (hat) und unablässig trägt». Deshalb betont die Konstitution des II. Vatikanischen Konzils «über die Kirche» ausdrücklich, daß «die mit hierarchischen Organen ausgestattete Gesellschaft und der geheimnisvolle Leib Christi die sichtbare Versammlung und die geistliche Gemeinschaft nicht als zwei verschiedene Größen zu betrachten» sind; sie bilden vielmehr «eine einzige komplexe Wirklichkeit, die aus menschlichen und göttlichen Elementen zusammenwächst»[73]. Folglich kann und darf die rechtliche Wirklichkeit der Kirche auch nicht aufgespalten werden in einen geistlichen Bereich, in dem eine *fundamentale Gleichheit* aller waltet und in einen anderen, konkret und rechtlich gestalteten, in dem diese geistliche Einheit keine rechtlichen Konsequenzen mehr hat. In der Kirche, als einer geistgegründeten Gemeinschaft, muß die rechtliche Ordnung ihrer Gesellschaftsstrukturen ihrem geistlichen Prinzip entsprechen. *H. W. Daigeler* hat mit guten Gründen darauf hingewiesen, daß es bei der Applikation des Partizipationsanspruches für den kirchlichen Bereich «nicht um die

72 Konstitution über die Kirche Art. 4.

73 Ebenda Art. 8.

Übertragung des Volkssouveränitätssatzes, sondern um die Verwirklichung eines Menschenrechtsprinzips» geht[74]. Erklärend wird man ergänzen dürfen, daß es sich dabei um die Verwirklichung eines evangelisch-geistlichen Christenrechtsprinzips handelt: Deshalb wird ein zu erstellendes Kirchenrecht daran gemessen werden, ob und in welchem Umfang es der geistlichen Grundtatsache Rechnung trägt, daß die Kirche eine *solidarische* Gemeinschaft im Glauben ist, in welcher der ihr eingestiftete Glaube in verantwortlicher und liebender Partizipation «auf Hoffnung hin» verwirklicht werden soll. Das bedingt, daß Recht und Pflicht zu tätiger Mitverantwortung *unverzichtbar* sind.

### b) Recht auf Einheit

Der Kirche Jesu Christi ist Einheit wesentlich: indem der Menschensohn «Anteil gab an seinem Geist, hat er seine Brüder» und Schwestern, «die er aus allen Völkern zusammenrief, in geheimnisvoller Weise gleichsam zu seinem Leib gemacht»[75]. Dieses Volk muß deshalb «eines sein und ein einziges bleiben und sich über die ganze Kirche und durch alle Zeit hin ausbreiten»[76]. Der Kirche, «Gottes alleiniger Herde», die als ein unter den Völkern erhobenes Zeichen in dieser Welt lebt, ist es aufgetragen, dem «Menschengeschlecht den Dienst der frohen Botschaft vom Frieden» zu leisten[77]. Dieser

74 Heutiges Menschenrechtsbewußtsein und Kirche. Die Beteiligung des einzelnen an der Leitung des Gemeinwesens in Demokratie und Kirche, 1973, 161.

75 Konstitution über die Kirche Art. 7.

76 Ebenda Art. 13.

77 Dekret über den Ökumenismus Art. 2.

Dienst vom Frieden aber setzt die grundsätzliche Einmütigkeit des Zeugnisses voraus. Darum haben die Christgläubigen ein Recht darauf, daß alle, Kirchenleitungen, Theologen und jeder an seinem Platz und nach seinem Vermögen alles tun, was die Einheit des christlichen Zeugnisses fördert! Obwohl Jesu hohes-priesterliches Gebet, «damit sie eins seien wie wir» (Joh 17, 11) den Charakter einer eschatologischen Verheißung trägt, wohnt ihm doch ein verpflichtender, wegweisender Appell inne, die Verhaltensweisen und Rechtsformen der durch diese Weltzeit pilgernden Kirche so zu gestalten, daß diese Einheit ermöglicht, nicht aber verhindert wird.

Wenn dieses «Recht auf Einheit» auch nicht allgemein individuell einklagbar sein kann, dürfte es doch ein spezifisch *christliches* Grundrecht darstellen: Ein Auftrag, dem Kirchenleitung und Gläubige immer verpflichtet sind; ein Recht, das von der Kirche als ihrem Wesen entsprechend anerkannt und als positives Gesetz formuliert werden müßte, damit in extremer Notlage sich der einzelne Gläubige um seines Glaubens willen darauf berufen kann. Die gesetzliche Sanktionierung des Rechtes auf Einheit wäre der sicher gewagte und schwierige Versuch einer wesenseigenen *eschatologischen* Offenheit des Kirchenrechts. Wäre es aber wirklich so absurd zu bestimmen, daß alles gefördert werden solle, was unter dem Aspekt der eschatologischen Hoffnung der Einheit dienlich, alles unterlassen, was ihr abträglich sein könnte? – Eine solche grundgesetzliche Formulierung würde nichts anderes ausdrücken als die der Kirche wesentliche Ausrichtung auf die künftige Vollendung. Von dieser Ausrichtung kann auch ihre Rechtsordnung nicht gänzlich absehen. Eine solche Offenheit würde keineswegs die von den anderen Kirchen abgelehnte «Rückkehrformel» implizieren. Im Gegenteil! Dieser nach Art eines Gesetzes formulierte Auftrag würde das kirchliche Recht ausweisen als Ordnung des *pilgernden* Gottesvolkes, als ein theologisch begründetes Recht *sui generis*.

Kirchliche Verhaltensweisen, die ein solches «Recht auf Einheit», das das gemeinsame Zeugnis einschließen würde, beinhalten könnten, sollen hier nur kurz angedeutet werden:

1. Nicht nur *Patriarch Maximus IV. von Antiochien* hat am 7. 10. 1963 festgestellt, daß die übertriebene Lehre vom Papsttum aufhören müsse, der «größte Stein des Anstoßes» auf dem Weg zur christlichen Einheit zu sein. Dieses Amt müßte vielmehr zur «großen Kraft werden, die die Einheit fördert und bewahrt»[77a].

Auch Papst *Paul VI.* räumte in einer Ansprache vor dem «Sekretariat für die Einheit der Christen» ein, daß das Papsttum auf eine gewisse Weise «zweifellos das größte Hindernis auf dem Weg des Ökumenismus» sei[77b]. Wenn dem so ist, was hier nicht weiter geprüft werden kann, dann hat das Papsttum die *Rechtspflicht*, alles zu tun, um diese Hemmnisse abzubauen, ohne dabei allerdings die eigene Sendung zu verleugnen. Rom muß wieder lernen, daß nicht jeder theologische oder politisch-nationale Dissens immer gleich als Schisma oder gar als Häresie gedeutet werden darf. Es muß fähig werden, auf weltlichen Glanz und politische Macht

77a Abgedruckt in: Die Autorität der Freiheit, hrsg. von *J. Ch. Hampe* II, 1967, 361.

77b Abgedruckt in: AAS 59 (1967) 493–498, hier: 498.

im Interesse des Dienstes an dieser Einheit zu verzichten[77c].

2. Auf einer viel bescheideneren Ebene würde sich dann auch die Frage stellen, ob nicht in Verkündigung und Katechese mehr das betont werden müßte, was eint, als das, was – von der Geschichte her – trennt. So könnte beispielsweise in bestimmten Stufen und für bestimmte Fragen ein gemeinsamer konfessioneller Religionsunterricht zur sachlich gebotenen Regel werden.

### c) Recht auf Gottesdienst

Die priesterliche Gemeinschaft des Gottesvolkes «wird sowohl durch die Sakramente als auch durch das Tugendleben verwirklicht»[78]. Wer durch die Taufe der Kirche eingegliedert und durch das Prägemal dieses Sakramentes zum Kind Gottes wiedergeboren ist, hat nach Auffassung des II. Vatikanischen Konzils ein Anrecht auf die Speisung vom Tisch des Wortes und des Leibes Christi, auf Gottesdienst und religiöse Unterweisung[79].

Vorzüglich durch die Teilnahme an der Eucharistie, «der Quelle und dem Höhepunkt des ganzen christlichen Lebens», werden «durch die Verkündigung der Frohbotschaft Christi die Gläubigen versammelt, in ihnen wird das Mysterium des Herrenmahles begangen, ‹auf daß durch Speise und Blut des Herrenleibes die

77c *J.-J. von Allmen*, Päpstliches Amt – Amt der Einheit, in: Concilium 11 (1975) 564–567.

78 Konstitution über die Kirche Art. 11.

79 Konstitution über die Offenbarung Art. 21; Dekret über die zeitgemäße Erneuerung des Ordenslebens Art. 6.

ganze Bruderschaft zusammengefügt werde›»[80]. Nimmt man die Feststellung des Konzils ernst, «daß die Feier der Eucharistie Mitte und Höhepunkt des ganzen Lebens der christlichen Gemeinde sei»[81], ist daraus zu folgern, daß es gegen das Grundrecht der Gläubigen, ja der Kirche als Ganzheit, verstößt, wenn die kirchliche Leitung nicht dafür Vorsorge trifft, daß *überall* dort, wo glaubende Gemeinden existieren, diese ein *geistliches* Anrecht haben, als «Mitte und Höhepunkt» ihres Gemeindelebens regelmäßig vom «Tisch des Wortes und des Altares» gespeist zu werden.

In vielen Gebieten der Kirche wächst die Zahl der Gemeinden, die keine ordinierten Presbyter mehr als Gemeindeleiter haben. Auf der anderen Seite fehlt es durchaus nicht an Frauen und Männern, die bereit sind, bestimmte Seelsorgsdienste zu übernehmen. Da ihnen jedoch die Ordination mangelt, weil sie entweder weiblichen Geschlechts oder verheiratet sind, dürfen sie ihrer Gemeinde den Tisch der Sakramente nicht decken und die Eucharistie als «Mitte und Höhepunkt» des Gemeindelebens nicht feiern[82]. Angesichts dieser Tatsache stellt sich die Frage, ob diese Gemeinden, ja ob nicht die ganze Kirche, ein Anrecht darauf haben, daß die diesbezüglich entgegenstehenden Gesetze geändert werden? Wenn auch heute Frauen und Männer für diese Dienste immer noch gefunden werden können, so mag diese

80 Konstitution über die Kirche Art. 26.

81 Dekret über die Hirtenaufgabe der Bischöfe in der Kirche Art. 30 II.

82 Vgl.: «Verwaiste» Gemeinden, in: Informationen, hrsg. v. Priesterrat und Diözesanrat Rottenburg Nr. 66, Juni 1975, S. 21; Laien als Vorsteher von Pfarreien, ebenda S. 23. – In Österreich (Diözese Graz) leiten Ordensfrauen bereits mehrere Pfarreien. Sie dürfen zwar die Kommunion austeilen, nicht jedoch die Eucharistie feiern und die sakramentale Lossprechung erteilen. Mitgeteilt in: Königsteiner Rufe 24 (1972) 372.

Tatsache zeigen, daß solche «priesterlosen» Gemeinden geistlich keineswegs tot sind; nicht angenommen wird in diesen Gemeinden offenbar lediglich die rechtlich verordnete zölibatäre Lebensweise. In solchen Situationen wird aber auch nicht mehr verstanden, warum jene Frauen, die sonst die ganze Last der Sorge um die Gläubigen dieser Gemeinde tragen müssen, das Brot nicht brechen und das vergebende Wort nicht sollen sprechen dürfen. Wird hier nicht das Recht der Gläubigen auf *vollen* Gottesdienst von der eigenen kirchlichen Ordnung empfindlich beeinträchtigt? Die Bindung der Ordination in der römisch-katholischen Kirche sowohl an das männliche Geschlecht als auch an den zölibatären Lebensstand sind unstrittig rein positives Recht der Kirche[83]. Es gründet auf einer theologisch und anthropologisch äußerst fragwürdigen geschichtlichen Entwicklung, die sicher keinen geistig-geistlichen «Fortschritt» in der Ausfaltung der befreienden Botschaft Jesu Christi darstellt.

Wenn eine solche gesetzliche Regelung nun tatsächlich grundlegende «Christenrechte», wie etwa die regel-

83 Der Codex Juris Canonici sagt auffallend schlicht: «Die hl. Ordination kann gültig allein der getaufte Mann empfangen.» – *I. Raming* (Der Ausschluß der Frau ...) hat die geschichtliche Entwicklung dargestellt und einen Teil der Motive bloßgelegt. *P. Jordan* (Die Töchter Gottes) und *R. J. A. van Eyden* (Die Frau im Kirchenamt, in: Wort und Wahrheit 22 [1967] 350–362) haben die theologische Unbegründetheit und die anthropologische Unangemessenheit dieses totalen Ausschlusses nachgewiesen. Die offiziösen Rechtfertigungsversuche – z. B. von *G. Concetti* (OssRom v. 8., 9., 11. und 12. 11. 1965), der zu dem Ergebnis kommt, daß «die Frau verbindlich und autoritativ vom priesterlichen Dienst ausgeschlossen sei», und eine römisch-katholische und orthodoxe Konferenz in Trient, die die traditionelle Lehre beider Kirchen bestätigten, die vorsieht, daß die Priesterweihe nur Männer vorbehalten sei (OssRom 16./17. 6. 1975), vermögen – vor allem unter grundrechtlichen Aspekten – kaum zu überzeugen.

mäßige Möglichkeit zur Teilnahme am Gottesdienst, beeinträchtigt, stellt sich dem Gesetzgeber unabweislich die schwerwiegende Frage, ob er nicht durch Änderung dieser nicht mehr zweckdienlichen Gesetze versuchen *muß*, den Gläubigen ihr Grundrecht auf Möglichkeit zur Teilnahme am Gottesdienst zu gewährleisten!

### d) Recht auf religiöse Unterweisung

Die vatikanische Synode hat in ihrer Erklärung über die christliche Erziehung festgestellt, «daß die Kinder und Heranwachsenden ein Recht darauf haben, angeleitet zu werden, die sittlichen Werte mit richtigem Gewissen zu schätzen und sie in personaler Bindung zu erfassen und Gott immer vollkommener zu erkennen und zu lieben»[84]. Diese Rechtsforderung richtet sich nicht nur gegen die weltlichen Unterrichtsträger, sondern wendet sich gleichermaßen auch an die kirchlichen Institutionen und die christlichen Eltern. Die Eltern sind ja für ihre Kinder die ersten «Mitarbeiter der Gnade und Zeugen des Glaubens»[85]. «Was gesunde menschliche Gemeinschaft und was Kirche ist, erfahren die Kinder zum ersten Mal in der christlichen Familie»[86]. Weil diese Aufgabe heute die meisten Eltern überfordert, ist die gesamte Gesellschaft, also auch die Gemeinschaft der Kirche, aufgerufen, sie darin zu unterstützen: Die Kirche hat «ihren Kindern daher ... gleichsam als ihre Mutter jene Erziehung zu schenken, die ihr ganzes Leben mit dem Geist Christi erfüllt»[87]. Das ist ein klarer

84 Declaratio über die christliche Erziehung Art. 1.
85 Dekret über das Apostolat der Laien Art. 11.
86 Declaratio über die christliche Erziehung Art. 3.
87 Declaratio über die christliche Erziehung Art. 3.

Auftrag an die Kirche und ihre Organe: Die Eltern wie die Kirche als Ganzes sind gehalten, dafür Sorge zu tragen, sobald es unter den jeweiligen Umständen möglich ist, daß den Kindern der Glaube und die Liebe Christi bezeugt wird[88].
Diesem Recht der Kinder entspricht die Pflicht der Eltern, subsidiär der kirchlichen Gemeinschaft insgesamt, die jungen Menschen im Glauben zu erziehen und die Liebe Christi erfahren zu lassen. Freilich wird es im Einzelfall schwer sein, dieses allgemeine christliche Grundrecht als einklagbare Forderung zu handhaben. Es bleibt jedoch die schwere Verantwortung, alles nur Mögliche zu tun, um dieser Pflicht als einer Antwort auf ein Grundrecht zu genügen.

### e) Recht auf geistliche Ausbildung und Freiheit der theologischen Forschung

Die industriell-technische Zivilisation mit ihrem wachsenden Zwang zur Spezialisierung vermag die geistig-psychologischen Probleme weithin mit rein wissenschaftsimmanenten Antworten nicht mehr zu lösen. Man wartet immer ungeduldiger auf die Beantwortung der wichtigsten Lebensfragen, etwa nach dem Sinn des Lebens, des Leides und des Todes. Die Antwort des Glaubens würde vielleicht eher gehört, wenn sie nur verstehbar wäre. Das verlangt von den Gläubigen, den Amtsträgern und Theologen ebenso wie von den nicht beamteten Gläubigen, sich mit diesen Fragen auseinanderzusetzen und theologisch weiterzubilden, damit sie der

88 Konstitution über die Kirche Art. 35.

Welt ein verstehbares Wort des Trostes, der Hoffnung und des Heiles zu sagen vermögen. Die Kirche insgesamt ist aufgefordert, nach Vermögen dafür zu sorgen, daß alle, denen an der inhaltlich-geistlichen Ausformung ihres Glaubenswissens gelegen ist, die Möglichkeit dazu haben.

Weil nun geistlich-geistige Prozesse der Wahrheit verpflichtet sind, gehört die *Freiheit* wesensmäßig zu jeder Arbeit des Forschens und Denkens. Deshalb hat das II. Vatikanische Konzil die Theologen ermuntert, «unter Wahrung der der Theologie eigenen Methoden und Erfordernisse nach einer geeigneteren Weise zu suchen, die Lehre des Glaubens den Menschen ihrer Zeit zu vermitteln», und es hat hinzugefügt, daß dafür «den Gläubigen, Klerikern wie Laien, die entsprechende *Freiheit des Forschens, des Denkens* sowie demütiger und entschiedener *Meinungsäußerung* in allen Bereichen ihrer Zuständigkeit zuerkannt werden müsse»[89].

Wenn auch Theologie notwendig immer in einer eigenen Weise vom Glauben der Kirche abhängig ist, Theologie also begrifflich gar nicht ohne kirchlichen Glauben gedacht werden kann, so eignet ihr andererseits als Wissenschaft doch notwendig die Freiheit des Fragens, Forschens und Sagens[90]. Insofern ist das Recht freier, verantwortlicher Forschung auch – und gerade – im Bereich der Glaubenswissenschaft rechtlich zu verankern, zu umschreiben und als christliches Grundrecht

89 Pastoralkonstitution über die Kirche in der Welt von heute Art. 62 (Hervorhebung vom Verfasser). Vgl. auch: Declaratio über die christliche Erziehung Art. 11.

90 Vgl.: *J. Neumann,* Die theologischen Fakultäten an den Staatlichen Universitäten, in: Ius Sacrum, FS für K. Mörsdorf, 1969, 853–879, hier: 869.

zu sichern. Eine solche Sicherung der Freiheit der wissenschaftlichen Forschung und Lehre auch im Bereich der Theologie bedeutet keineswegs eine Vergötzung der Wissenschaft als neuer Heilslehre, sondern ist lediglich Ausdruck der Achtung vor dem nie stillbaren Bemühen des Menschen, das Unergründliche zu erforschen. Zugleich wäre eine solche Bejahung der Freiheit für theologische Forschung und Lehre das Eingeständnis, daß jeglicher Zwang in Fragen des Glaubens wie des menschlichen Geistes, obwohl er fehlbar und verführbar ist, unwürdig und der Sache der Wahrheit wie des Glaubens abträglich ist.

Nur der Mensch kann wirklich glauben, der frei ist! Wie auch nur jener Mensch glauben kann, der erfahren durfte, daß sein Wissen an eine Grenze stößt, wo seine Fragen keine Antwort mehr erhalten, wo Gottes Antwort Schweigen ist. Die Leiter der Kirche jedoch haben kein Recht, diese Grenze definitiv festzusetzen; sie haben wohl auf die Gefahren hinzuweisen und Grundsätze aufzustellen, die bei der Arbeit mit der göttlichen Wissenschaft zu beachten sind. Das Wehen des Geistes Gottes aber, der weht wo er will, offenbart sich am ehesten in der freien argumentativen und rationalen Auseinandersetzung, die sich der Auferbauung der gesamten Kirche verpflichtet weiß.

### f) Recht auf freie Standeswahl

Der Entwurf für ein kirchliches Grundgesetz vom Jahr 1971 sah in c. 22 den Grundsatz vor, daß «alle Christgläubigen das Recht haben, ihren Lebensstand frei zu wählen». Wenn ein solcher Grundsatz, der auch in der

Pastoralkonstitution «über die Kirche in der Welt von heute» anklingt (Art. 29), einen *innerkirchlichen* Sinn haben soll, und nicht nur als ein Appell nach außen gedacht ist, dann muß ein solches Grundrecht auch das Recht enthalten, daß jemand seine Entscheidung bezüglich seines kirchlichen Standes revidieren kann. Soll das nicht gemeint sein, dann muß eindeutig gesagt werden, was offenbar lediglich gemeint ist, daß nämlich sowohl ein junger Mann als auch ein Mädchen frei sein soll in der Wahl des Partners wie in der Entscheidung über ihren Lebensstand überhaupt.

Wenn es aber wahr ist, was die Pastoralkonstitution «über die Kirche in der Welt von heute» über die Ehe sagt, daß nämlich die Gatten durch sie «mehr und mehr zu ihrer eigenen Vervollkommnung, zur gegenseitigen Heiligung und so gemeinsam zur Verherrlichung Gottes» gelangen (Art. 48), dann müßte die Kirche auch den Zölibatären, des Presbyter- wie des Ordensstandes, ein Revokationsrecht einräumen, ohne daß sie dann diskriminiert wären, wie es nach der derzeitigen Ordnung der Fall ist. Die Kirche kann nicht weiterhin nach außen bestimmte Menschenrechte fordern und sie für ihren Innenraum nicht gewähren wollen.

### 6. Die Verwirklichung der Grundrechte als Frage nach der Humanität der christlichen Botschaft

Wenn das II. Vatikanische Konzil sagt, daß die Kirche jenes Volk sei, das geprägt ist «durch die Würde und Freiheit der Kinder Gottes»[91], dann steht es mit dieser

91 Konstitution über die Kirche Art. 9.

Feststellung ganz in der großen biblischen Freiheitstradition. Diese Tradition hat sich durch alle Jahrhunderte gegen eine andere behaupten müssen, die scheinbar gesetzestreu und fromm, in Wirklichkeit aber das biblische Gottes- und Menschenbild verdunkelnd, die befreiende Botschaft Christi zur bloßen «Lehre» verformen wollte. Heute nun wird keineswegs mehr nur nach dem Beitrag des Christentums für die Entwicklung der Menschenrechte allgemein gefragt[92]. Deshalb sollte in der hier vorgelegten Darstellung geprüft werden, ob und in welchem Umfang auch die Kirche selber auf die Beachtung bestimmter Grundrechte verpflichtet ist. Dabei schien es wichtig, darauf hinzuweisen, daß selbstverständlich Sinn und Ursprünglichkeit der frohen Botschaft Jesu Christi vom anbrechenden «Königreich der Himmel» weder darin bestehen kann, diesen Heilsglauben gesetzlich zu bestimmen, noch in der Hoffnung, durch gesetzliche Regelungen Glauben wecken zu können. Wer durch das «Wort» nicht getroffen wurde und sich nicht als Betroffener erfährt, wer dadurch nicht zu

92 Obwohl diese Frage nach wie vor aktuell und keineswegs beantwortet ist, sollte ihr in unseren Überlegungen hier bewußt nicht nachgegangen werden. Wie und auf welchen Wegen die Grundsätze der Menschenrechte von den Kirchen in die weltweite, politisch höchst disparate Diskussion eingebracht werden könnte, erwägt *L. Raiser* in seinen ebenso klugen wie behutsamen Überlegungen «Menschenrechte in einer gespaltenen Welt» (Ev Komm 8 [1975] 199–203). – O. *Kimminich* (Kirchen und Menschenrechte, in: Menschenwürde und freiheitliche Rechtsordnung, Festschrift für W. Geiger, 1974, 499–520) analysiert nicht nur die Stellung der Menschenrechte *und* der Kirchen im System des Völkerrechts, sondern erwägt auch, auf welche Weise die Kirchen den Menschenrechtsgedanken zur politischen Wirksamkeit verhelfen könnten. Allerdings ist sein Ergebnis nur eine vage Hoffnung, nämlich, «daß es ihnen (das sind die Kirchen) gelingen wird, durch die Formung der Einzelpersönlichkeiten auch die weltlichen Gemeinschaften ... so zu formen, daß die Entwicklung der Menschenrechte fortschreitet« (520).

ahnen beginnt, welche Fülle, welches Glück und welche Last die ihm vorgelebte und von ihm geforderte «Liebe Gottes» bedeutet, wird in dem Bemühen, «Grundrechte» für die Kirche zu formulieren, nur einen um zweihundert Jahre zu spät gekommenen, insgesamt aber untauglichen Versuch sehen, die Kirche zu «modernisieren». Doch es geht gar nicht um «Modernisierung» der Kirche. Gewollt ist allein dies:

1. Zu zeigen, daß es ebenso möglich wie nötig ist, die vielfältigen Grundsätze der Menschenrechte, die wir in der Rechtsordnung der Kirche wie in ihren Quellen ansatzweise und weit verstreut finden, systematisch zu ordnen und zu kodifizieren, um sie so für die Kirche neu fruchtbar zu machen.

2. Daran zu erinnern, daß es spezifisch geistlich-kirchliche «Christenrechte» gibt, wie umgekehrt bestimmte, scheinbar nur «profane» Grundrechte durch Übernahme in die kirchliche Ordnung dort eine wesentlich neue, geistliche Bedeutung bekommen können.

3. Zu zeigen, daß die Achtung vor der Würde und der verantwortlichen Freiheit des Menschen zum Wesen des Christentums gehört. Wer den Menschen nicht wirklich in den alltäglichen Situationen achtet und seiner Würde nicht eingedenk ist, kann weder an Gott glauben noch ihn lieben. Durch die Konkretisierung von Menschen- und Christenrechten in der Kirche würde – hoffentlich – eine bitter notwendige Sensibilisierung unter den Gläubigen beginnen. Der Kirche insgesamt könnte auf diese Weise wieder deutlicher bewußt werden, daß immer dann, wenn ein grundlegendes Recht des Menschen in ihr oder in ihrem Lebensbereich gefährdet ist, auch ihr ureigenster Auftrag in Gefahr schwebt. Deshalb muß

sich die Kirche immer, wie Papst Paul VI. es sagte, selber verletzt fühlen, «wenn die Menschenrechte – wie und wo auch immer – mißachtet oder übertreten werden»[93].

Bei der Frage nach der Verwirklichung der Menschenrechte in der Kirche geht es mithin gar nicht um innerkirchliche Nabelschau und introvertierte Pseudoprobleme theologisierender Intellektueller, sondern um die Glaubwürdigkeit der Kirche nach innen wie nach außen. Die tiefgreifende Krise, in der sich die Kirche gegenwärtig wieder befindet, hat nicht allein darin ihre Ursachen, daß sich die kirchlichen Organe zu sehr mit Reparaturen an der Fassade ihres Rechtsgebäudes beschäftigen, sondern darin, daß heute weder die Botschaft der Kirche dem Menschen eine verstehbare Antwort auf seine existentiellen Nöte gibt, noch ihm jenen rechtfertigenden Glauben bezeugt, der ihm Hoffnung macht für seine von vielen Seiten bedrohte Freiheit. Wenn Christen sich also um die Verwirklichung und Achtung von Grundrechten in der Kirche bemühen, was tun sie dann anderes, als dem Zeugnis der Kirche zu dienen versuchen, deren Herr Mensch geworden ist zum Heil für alle? Weil das Recht eine wesentliche, ja eine konstitutive Kategorie des Menschen ist, bedeutet Änderung des Rechts immer auch eine Veränderung der menschlichen Lebensformen – zum Bösen oder zum Guten! In dem Maße also, wie sich die Kirche zum Anwalt der Rechte des Menschen macht und für die Menschenwürdigkeit seines Daseins überall eintritt, steht sie ein für den, den sie zu bezeugen hat und um dessen Namen willen sie allein da ist!

93 AAS 65 (1973) 674.

# II. DIE MÜHSAME VERWIRKLICHUNG DER MENSCHENRECHTE IN DER KIRCHE

Wenn es wahr ist, was oben gesagt wurde, daß nämlich die Achtung vor der *personalen* Würde und der *verantwortlichen* Freiheit des Menschen zum Wesen des Christentums gehört, dann muß die kirchliche Rechtsordnung etwas davon erkennbar werden lassen. Tatsächlich zeigt die Entwicklung des kirchlichen Rechts zu allen Zeiten Ansätze eines Bemühens um solche Rechtsgrundsätze, die wir heute als Menschenrechte zu bezeichnen pflegen. Ob dieses Bemühen im kirchlichen Raum ausgeprägter war als in den weltlichen Rechtsbereichen, bedarf einer eigenen Untersuchung. Es sprechen jedoch einige Anzeichen dafür, daß bei der Ausbildung der abendländischen Rechtsordnungen der Einfluß der Kirche mäßigend und humanisierend, den Menschen schützend und seine Freiheit sichernd gewirkt hat.

Dieser allgemein wohltuende Einfluß des Christentums, der die Strenge des Gesetzes durch Barmherzigkeit zu mildern und die Armen, die Witwen und Waisen, die Frauen und Kinder, besonders zu schützen suchte, steht allerdings in einem auffallenden Gegensatz zur Kompromißlosigkeit der Kirche, wenn es um Fragen des Glaubensgutes ging oder auch nur zu gehen schien. Diesbezüglich hat sich die Auffassung der offiziellen Kirche nur langsam geändert. Der Gedanke, daß der Mensch eine aus seinem Personsein fließende Eigenverantwortlichkeit in Freiheit besitzt, scheint in der Kirche bis heute noch nicht allgemein akzeptiert zu sein. Diese auffallende Diskrepanz dürfte besonders deutlich werden an der Einstellung «der» Kirche, insbesondere ihres bischöflichen und päpstlichen Lehramtes, zur Theologie. Der – zumindest in der Neuzeit immer wenigstens latent vorhandene – Konflikt zwischen dem kirchlichen Lehramt und der Theologie als Wissenschaft bietet sich somit geradezu als Modell dafür an zu prüfen, ob und in welchem Maße «die» Kirche heute den «Menschenrechten» in ihrem eigenen Bereich und im Innenraum ihres Daseins gerecht zu werden versucht. Dabei wird zugleich deutlich, daß die Sicherung und Verwirklichung bestimmter scheinbar rein individualistischer Grundrechte immer nicht nur für die gesamte (Glaubens)-Gemeinschaft grundlegende Bedeutung hat, sondern auch für die Wissenschaftlichkeit der Theologie konstitutiv ist.

In der Theologie als *Glaubenswissenschaft* wird ja die Komplexität der geistig-geistlichen Existenz des Menschen in hervorstechender Weise deutlich: Konkreter Träger der Theologie als Glaubenswissenschaft wie des Lehramtes als des den Glaubensschatz behütenden Organs ist stets eine Person, ein Mensch mit seiner unverzichtbaren Würde, seiner unvertretbaren Verantwortung, seiner geschichtlich bedingten Denkart, seiner (gruppen)-soziologischen Abhängigkeit und den daraus resultierenden Gefährdungen, insbesondere der Versuchung durch Eitelkeit und Macht. Es ist also in jedem Fall der Mensch betroffen und herausgefordert! Der Theologe kann sein «Geschäft» nicht betreiben ohne eine angemessene Freiheit für sein wissenschaftliches Arbeiten, die freie – nämlich sachbezogene – Wahl seiner Themen und der angewandten Methoden. Wer aber bestimmt, welches Maß an Freiheit dafür «angemessen» ist? – Und was geschieht, wenn der Theologe, als Wissenschaftler nur der

Wahrheit bis zum Erweis des Gegenteils verpflichtet, an jene Grenze stößt, wo das Lehramt beansprucht, definitiv feststellen und festlegen zu dürfen, was Wahrheit ist?

Für den Theologen als Mensch, als Christ und als Wissenschaftler stellt sich gerade dort, wo er sein eigentliches Feld hat, nämlich in der Forschung mit ihrer weiterführenden Kritik, sehr schnell die Frage, ob und gegebenenfalls, wie weit er seine Forschung und sein kritisches Fragen treiben darf. Gibt es eine Grenze für sein Suchen nach Wahrheit? Und wer setzt diese Grenze fest, wer setzt seinem Drang nach wissenschaftlicher Erkenntnis eine Schranke? Woran hat er sein Gewissen zu orientieren? Wer – oder was – bindet es?

Noch für die Väter des Konzils von Trient hat die Theologie eine durchaus *eigenständige* Funktion in der Kirche, die sich aus Wesen und Aufgabe der Gesamtkirche ableitet. Die Wissenschaft der Theologie ist dabei in erster Linie den ihr vorgegebenen Quellen verantwortlich, während dem kirchlichen Lehramt (lediglich) ein «pastorales Wächteramt» zukommt[1]. Zumindest seit dem I. Vatikanum hat sich jedoch das Selbstverständnis des (päpstlichen) kirchlichen Lehramts über seine Rolle gegenüber der Theologie entscheidend weiterentwickelt: Die Auffassung, daß die Theologie die Aufgabe habe, die vom Lehramt vorgelegte Lehre zu entfalten und Gründe für ihre Verteidigung zu liefern, dominiert

1 Vgl.: *H. Kümmeringer,* Es ist Sache der Kirche, «iudicare de vero sensu et interpretatione scripturarum sanctarum», in: ThQ 149 (1969) 282–296; hier: 296. – Interessant und keineswegs zufällig ist, daß *G. Luf* (Grundrechte und kirchlicher Rechtsschutz, a.a.O. 45–54) «das Verhältnis von Theologie und Hierarchie» als ein spezielles Thema der innerkirchlichen Grundrechtsproblematik versteht. Er kommt im wesentlichen zu den gleichen Verhältnissen wie sie hier vorgelegt werden.

seitdem bis heute. Die sachbedingte und wissenschaftsbegründete Eigenständigkeit der Theologie als einer Glaubens*wissenschaft*, die vom Glauben herkommt, sich mit ihm befaßt und ihm dient[2], wird nur noch bedingt erkannt und anerkannt. Die gegenwärtige offizielle Auffassung des päpstlichen Lehramtes läßt aus der Fülle der Aufgaben der Theologie vorzüglich nur diejenigen Funktionen gelten, die ihm helfen, die traditionelle Lehre zu *bewahren*, verbindlich zu *interpretieren* und durch *unfehlbare* Erklärungen zu *erhellen*. Diese Sicht versteht die Theologie als Hilfsorgan und Instrument des Lehramtes; nach dieser Auffassung arbeitet und forscht die Theologie nicht aufgrund eigenen Auftrags, sondern einzig kraft besonderer Übertragung, ex delegatione, von seiten des Lehramtes[3].

2 Vgl.: *M. Seckler*, Die Theologie als kirchliche Wissenschaft nach Pius XII. und Paul VI., in: ThQ 149 (1969) 209–234; hier: 209.

3 Nachweise bei: *M. Seckler*, a.a.O. 220–221. – Dieses Selbstverständnis des kirchlichen Lehramtes wird von manchen Theologen geteilt. So beispielsweise von *G. May*, der schreibt: «Die katholische Theologie wird diese hohe Aufgabe» – nämlich die Wirklichkeit Gottes dem innerweltlichen Denken transparent zu machen – «nur dann erfüllen können, wenn sie ihre Glaubwürdigkeit wiedergewinnt. Dazu gehört, daß sie zur Einheit zurückfindet. Diese Einheit besteht nicht nur in der selbstverständlichen Bindung an Inhalt und Formulierung der Dogmen, sondern auch in der Unterlassung der öffentlichen Verbreitung von Ansichten, die den Äußerungen des authentischen Lehramtes der Kirche zuwiderlaufen.» (in: *P. Neuenzeit* [Hrsg.] Die Funktion der Theologie in Kirche und Gesellschaft. Beiträge zu einer notwendigen Diskussion, 1969, 291–309; hier: 309). – Dieser totalen Bindung an das Lehramt stehen im gleichen Werk Aussagen eines anderen Selbstverständnisses gegenüber. – *M. Schmaus* – einer der angesehensten Dogmatiker der Gegenwart – erwartet von einer künftigen Theologie, daß sie noch viel weniger als es ihr bisher «möglich und erlaubt war, ein System der Wahrheiten oder auch nur ein Wahrheitsganzes (wird) entwickeln können» (in: Zukunft der Theologie. Theologie der Zukunft, 1971, Bemerkungen zu einer künftigen Theologie, 69–81; hier: 70). – *B. Welte* (Die Wesensstruktur der Theologie als Wissenschaft 1955, 13) sieht die Funktion der Theologie darin, daß sie nicht im geschichtlichen Zeugnis hän-

Diejenigen, die vom päpstlichen oder bischöflichen Lehramt einen Lehrauftrag erhalten haben, walten nach dieser Auffassung in der Kirche nicht im eigenen Namen und nicht aufgrund des Titels der theologischen Wissenschaft ihres Amtes als Lehrer, sondern kraft der Sendung, die sie vom rechtmäßigen Lehramt erhalten haben; Empfänger der *missio canonica* bleiben deshalb stets dem Lehramt *unterstellt.* Sie lehren niemals kraft eigenen Rechts[4]. Für Pius XII. ist folglich eine Kontrolle dessen, was die Theologen lehren und arbeiten, durch das Lehramt selbstverständlich: «Deshalb verletzt oder beleidigt das rechtmäßige Lehramt der Kirche niemanden der von ihm mit der kanonischen Sendung Betrauten, wenn es sich genau darüber zu vergewissern wünscht, was jene, denen es den Lehrauftrag erteilt hat, mündlich in Vorlesungen sowie in den für die Hörer bestimmten Büchern, Kommentaren, Blättern, ferner in veröffentlichten Büchern und anderen Schriften lehren und verteidigen.

Wir beabsichtigen nicht, zu diesem Zweck die Rechtsnormen über die Büchervorzensur auf dies alles auszudehnen; es gibt ja viele andere Möglichkeiten, um sich über die Doktrin der Lehrenden sichere Auskunft zu verschaffen»[5]. Die Überwachung und die Möglichkeit der Zensurierung der Theologen hat also letztendlich darin ihren Grund, daß diese keine eigene wissenschaftliche Verantwortung wahrzunehmen, sondern lediglich

gen bleibt, sondern sie hat «darauf zu achten und zu hören, was sich im Buchstaben des Zeugnisses bezeugt . . .».

4 *Pius XII.*, Alloc. «Si diligis» vom 31. 5. 1954 (AAS 46 [1954] 314–315; Übersetzung nach: HerdKor 8 [1954] 466–468; hier: 466).

5 «Si diligis», a.a.O. 466.

als Interpreten und Vorarbeiter des kirchlichen Lehramtes zu wirken haben.

Vor allem die «Laien-Theologen» müssen wissen, daß es in der Kirche, in Sachen des Seelenheils, keine Lehrtätigkeit gibt, die der Autorität, Führung und Aufsicht jener nicht unterworfen wäre, die durch göttliche Einsetzung als Lehrer bestellt sind, nämlich der Bischöfe und an ihrer Spitze, des Papstes[6]: «In der Kirche hat es nie gegeben, gibt es nicht und wird es nie ein rechtmäßiges Lehramt der Laien geben, das der Autorität, Führung und Aufsicht des kirchlichen Lehramts entzogen wäre»[7]. Deshalb müssen die christlichen Philosophen und Theologen insgesamt stets eingedenk sein, «daß sie nicht in eigenem Recht und Namen, sondern allein im Namen und in der Vollmacht des obersten Lehramtes und deshalb unter seiner Kontrolle und Leitung ihres Amtes walten, das sie als kirchenrechtlichen Auftrag empfangen haben. ... (Sie) mögen gewissenhaft daran denken, daß ihnen der Lehrauftrag nicht gegeben wurde, damit sie ihren Schülern ihre persönlichen Ansichten mitteilen, sondern damit sie ihnen die bewährten Lehren der Kirche übermitteln»[8]. – Man kann fragen, welches Wissenschaftsverständnis dieser Aussage zugrunde liegt, welche die wissenschaftliche Erkenntnis schlicht als «persönliche Meinung» qualifiziert.

*Max Seckler* stellt mit Recht fest, daß an dieser Konstruktion, die keineswegs der Vergangenheit angehört, der vielmehr auch Paul VI. verpflichtet ist, zwei Punk-

6 Vgl.: «Si diligis» a.a.O. 467.

7 «Si diligis», a.a.O. 467.

8 *Pius XII.*, Apostol. Konst. «Sedes sapitentiae» vom 31. 5. 1956 (AAS 48 [1956] 362; Übersetzung: HerdKor 10 [1955/56] 514–519; hier: 518).

te bemerkenswert sind: «Es ist erstens der *Delegations*gedanke in seiner Anwendung auf Verkündigung, Forschung und Lehre. Das hängt mit dem zusammen, was herkömmlich die Verrechtlichung der Kirche genannt wird. Es wäre naiv, würde man darunter nur das Vorhandensein von Ämtern und Rechtsordnungen in der Kirche verstehen zum Unterschied von einer reinen Liebes- und Geistkirche. Man braucht sich zu derartigen Utopien nicht zu bekennen und kann also durchaus Amt und Recht in der Kirche anerkennen, ohne deswegen die eklatante und extreme Verrechtlichung von Verkündigung, Glaube und Glaubenswissenschaft in dieser Konstruktion übersehen zu können. ... Die Verfügungen, Maßnahmen und Lehrbestimmungen des Lehramtes, speziell des Papstes, haben nicht etwa nur auf der Ebene des Rechts, der Disziplin und der Ordnung verpflichtende Kraft, sondern auch im Bereich des Glaubens und der inneren Überzeugung. Man spricht deshalb geradezu von päpstlicher *Glaubenslegislative* und einer *Lehrjurisdiktion,* kraft welcher *Lehr*bestimmungen *verpflichtende Gesetzeskraft* haben und nicht nur äußerliche Beachtung ... fordern, sondern innere, religiöse Zustimmung[9]. ... Gerade deswegen ist das Lehramt, also die nach dem Jurisdiktionsprinzip gebaute und gegliederte kirchliche Hierarchie, ‹für jeden Theologen die nächste und allgemeine Norm der *Wahrheit*›[10] und nicht etwa nur des *Glaubens;* sie ist Norm des Glaubens, der Wis-

9 Vgl. dazu ebenso informativ wie verhalten: *A. Peiffer,* Die Enzykliken und ihr formaler Wert für die dogmatische Methode, 1968, u. a. 106 f.; 129 f.

10 *Pius XII.,* Enzyklika «Humani generis» vom 12. 8. 1950 (AAS 42 [1950] 567).

senschaft und des Denkens (norma pro fide et scientia)»[11].

Den *zweiten* bemerkenswerten Punkt stellt nach *Max Seckler* die Tatsache dar, «daß bei diesem Modell die Theologen völlig einbezogen sind in den *Verkündigungsauftrag* und in das *Verkündigungsgeschehen* der Kirche. Offenbar ist hier ... eine Vorstellung wirksam, gemäß der die Theologen in kirchlichen Schulen nach Art beauftragter Lehrer Glaubensunterricht zu erteilen haben»[12]. Von diesem Schulmodell her wird auch die Theologie verstanden. Von einem «eigentlichen Forschungsauftrag der Theologie» ist nirgends die Rede. «Selbst dort, wo, selten genug, von theologischer Forschung gesprochen wird, ist diese als ... Vorarbeit für die amtliche Verkündigung aufgefaßt»[13].

Dementsprechend gilt seit *Pius IX.* als vornehmste Aufgabe der Theologie «zu zeigen, wie eine Lehre in dem Sinn, in dem sie definiert ist, in den Quellen der Offenbarung enthalten ist»[14].

Diese Auffassung ist nun jedoch keineswegs durch das Zweite Vatikanische Konzil oder durch neuere Äußerungen des kirchlichen Lehramtes überholt. Das Konzil hat diesbezüglich keinen grundsätzlichen Wandel in der Auffassung über die Funktion der Wissenschaft, insbesondere der Theologie, gebracht. Dies wird deutlich vor allem an den Aussagen der Dogmatischen Konstitution «über die Offenbarung», die einerseits zwar den Exege-

11 Das ganze Zitat von: *M. Seckler*, a.a.O. 222–224.

12 *M. Seckler*, a.a.O. 225.

13 *M. Seckler*, a.a.O.

14 *Pius IX.*, Epist. «Gravissimas inter» vom 21. 12. 1862 an den Erzbischof von München und Freising (ASS 8 [1874] 429).

ten aufträgt, nach *wissenschaftlichen* Methoden zu arbeiten, andererseits ihnen aber die verbindliche Vorgegebenheit der vom Lehramt *gegebenen* Normen betonte. Tradition, Hl. Schrift und Lehramt der Kirche sind unlöslich ineinander verwoben[15]. Daraus erwächst unvermeidlich eine grundsätzliche Diskrepanz zwischen wissenschaftlichen Forschungsergebnissen und dogmatischer Lehrmeinung. Einerseits wird der historisch-kritischen Methode (in der Bibelwissenschaft) die Bahn freigegeben, während gleichzeitig andererseits der Wissenschaft lediglich eine vorbereitende Rolle für die autoritative Schrifterklärung durch das Lehramt zugewiesen wird. «Unter dem Beistand des Hl. Geistes ... wächst das Verständnis der überlieferten Dinge und Worte durch Nachsinnen und Studium der Gläubigen ... durch die Verkündigung derer, die mit der Nachfolge im Bischofsamt das *sichere* Charisma der Wahrheit empfangen haben; denn die Kirche strebt im Gang der Jahrhunderte ständig der Fülle der göttlichen Wahrheit entgegen, bis sich an ihr Gottes Worte erfüllen»[16]. – Es bleibt hier jedoch offen, ob und inwieweit dieses «Nachsinnen und Studium der Gläubigen» durch den «gläubigen Intellekt» der Theologen vom «sicheren Charisma der Wahrheit», das allein dem Bischofsamt eigen ist, *abhängig* ist.

Man wird deshalb *Walter Schmithals* kaum zu widersprechen vermögen, wenn er sagt, daß sich hier der Verdacht einer doppelten Wahrheit aufdränge, die glaubt,

15 Dogm. Konst. über die Offenbarung 10;12 = Aufgabe der Exegeten; vgl. dazu: *H. Fries*, Kirche und Offenbarung Gottes, in: Autorität der Freiheit, hrsg. v. J. Ch. Hampe I, 1967, 155–169.

16 Dogm. Konst. über die Offenbarung 8.

die Entscheidung zwischen Anerkennung einer Einsicht als *Forschungsergebnis* auf der einen Seite und *Gehorsam* gegen die Lehrmeinung auf der anderen Seite umgehen zu können: «Es entspricht dem Selbstverständnis der katholischen Kirche, eine praestabilisierte Harmonie zwischen historischer Forschung und dogmatischer Entscheidung annehmen zu müssen. Aber es widerspricht der wissenschaftlichen Methode, diese Harmonie zu ihrer Voraussetzung zu machen, und eine historische Exegese, die sich nach bestimmten ‹Glaubensprinzipien› richtet, verdient ihren Namen nicht mehr»[17].

In der Tat liegt das Problem darin, daß man *nicht* die *Geschichtlichkeit* der Offenbarungsurkunden annehmen kann, wenn man nicht zugleich konsequent auch bereit ist, die Offenbarungswahrheit *geschichtlich* zu sehen. Zwar sagt die Pastoralkonstitution «über die Kirche in der Welt von heute», daß die Theologen «immer unter Wahrung der der Theologie eigenen Methoden und Erfordernisse nach geeigneten Weisen zu suchen haben, die Lehre des Glaubens den Menschen ihrer Zeit zu vermitteln; denn die Glaubenshinterlage (depositum fidei) selbst, d. h. die Glaubenswahrheiten, darf nicht verwechselt werden mit ihrer Aussageweise, auch wenn diese immer denselben Sinn und Inhalt meint. In der Seelsorge sollen nicht nur die theologischen Prinzipien, sondern auch die Ergebnisse der profanen Wissenschaften, vor allem der Psychologie und der Soziologie, wirklich beachtet und angewendet werden, so daß auch die Laien

17 *W. Schmithals*, Die Wahrheit der Hl. Schrift und das Konzil, in: Die Autorität der Freiheit I, 197–208; hier: 207. – Mit dem Verhältnis der theologischen Institutionen zu den kirchlichen Institutionen befaßt sich *K. Koch* (Kirche und Theologie in der demokratischen Gesellschaft, 1969, 29–34).

zu einem reineren und reiferen Glauben kommen» (Art. 62,II).

Die Theologie wird auch hier mehr als Methode der Vermittlung und der Adaption der Glaubenswahrheit, denn als eine der Wahrheit verpflichtete Glaubens-*Wissenschaft* verstanden, deren Aufgabe es ist, durch neue Erkenntnis der alten Texte den Glauben zu aktualisieren. Ja, selbst die Aufgabe der «profanen Wissenschaften» wird in einer Weise gedeutet, als ob sie – wenigstens bezüglich des kirchlich-theologischen Bereichs – lediglich dazu dienen, daß «die Laien zu einem reineren und reiferen Glauben kommen.» Ganz offensichtlich geht die Konstitution hierbei von dem an sich richtigen Grundsatz aus, daß es zwischen dem richtig verstandenen Glauben und der echten Wissenschaft keinen wirklichen Widerspruch geben könne. Deshalb werden «die Vertreter der theologischen Disziplinen an den Seminaren und Universitäten» aufgefordert, «mit hervorragenden Vertretern anderer Wissenschaften in gemeinsamer Bemühung ... zusammenzuarbeiten. Die theologische Forschung soll sich zugleich um eine tiefere Erkenntnis der geoffenbarten Wahrheiten bemühen ...» Selbst das Studium der Theologie durch Laien wird von dieser Konstitution befürwortet, und es wird ausdrücklich festgestellt: «Zur Ausführung dieser Aufgabe muß aber den Gläubigen, Klerikern wie Laien, die entsprechende Freiheit des Forschens, des Denkens sowie demütiger und entschiedener (fortitudine) Meinungsäußerung zuerkannt werden in allen Bereichen ihrer Zuständigkeit» (Art. 62 VI).

Hier wird also für die theologische Arbeit die entsprechende Freiheit (iusta libertas) des *Forschens* und

*Denkens* ebenso zugestanden wie das Recht einer zwar bescheidenen aber entschiedenen Meinungsäußerung im Bereich der jeweiligen Zuständigkeit, nämlich dort, wo jemand Fachmann ist. Durch den in der entsprechenden Fußnote gemachten Verweis auf Nr. 27 der Konstitution «über die Kirche» wird allerdings deutlich, daß diese «Freiheit» nur wahrgenommen werden kann in Unterordnung unter diejenigen, «die aufgrund ihres geweihten Amtes die Stelle Christi vertreten.» – Der Hinweis auf die Sachkompetenz entsprechend ihrem «Wissen, der Zuständigkeit und der hervorragenden Position, die sie einnehmen,» zeigt überdies, daß hierbei zunächst daran gedacht ist, daß die *Laien* ihr *profanes* Sachwissen in die Überlegungen der Kirche einbringen sollen. Aus heutiger Sicht wohl etwas zu emphatisch meint *F. Klostermann:* «Der Weltlaie soll aus seiner laikalen Welt- und Milieukenntnis heraus die Kirche von morgen mit seinen Hirten mitbauen»[18]. Allerdings wird hier auch in bezug auf die Rechte der Laien gesagt, daß die Bischöfe deren «Würde und Verantwortung ... anerkennen und fördern» sollen, wie sie auch die entsprechende «Freiheit, die allen im bürgerlich-weltlichen Bereich zusteht ... sorgfältig anerkennen» müssen. – Aufgrund dieses Textes meinte *R. Tucci,* die Betonung der entsprechenden Freiheit des Forschens und Denkens für die Arbeit der katholischen Wissenschaftler allgemein und der Theologen im besonderen öffne «neue Straßen», auf denen «die Christen mutig wandern sollen, voller Unternehmungsgeist und erfinderisch, in einem Klima fruchtbarer Freiheit, bescheiden und mutig»[19].

18 LThK – Das Zweite Vatikanische Konzil 1966 I, 281.
19 LThK – Das Zweite Vatikanische Konzil, 1968 III, 485.

Doch die «authentische» Interpretation dieser Varianten der drei Konzilstexte gab ein Jahr nach Konzilsende *Paul VI.* selber: Zum Abschluß des Internationalen Theologenkongresses hielt er vor 1200 katholischen Theologen am 1. Oktober 1966 eine Ansprache über das Verhältnis der Theologie zum kirchlichen Lehramt, in der von einer – auch nur relativen – Eigenständigkeit und wissenschaftlichen Freiheit der Theologie keine Rede mehr war[20]. Der Papst grenzte die Aufgaben des kirchlichen gegenüber dem theologischen Lehramt mit einer zunächst recht plausibel erscheinenden Formel ab: Die Aufgabe des päpstlichen Lehramtes bestehe darin, «die göttliche Offenbarung abzuschirmen und auszulegen». Die Aufgabe der Theologie sei es, die *Glaubenslehre* zu erforschen und zu erklären. Das Materialobjekt ist somit *formal* und inhaltlich der Theologie vorgegeben, nämlich die vom Lehramt vorgelegte Glaubenslehre! Die Theologie hat daher nicht einmal das zu liefern, was man heute den ideologischen Überbau zu nennen pflegt, sondern sie hat lediglich zu zeigen, wie und inwiefern (quomodo; qua ratione) die amtlichen Lehren in den Quellen enthalten sind. Die Frage, *ob* diese überhaupt durch die Quellen gedeckt sind, kommt ihr gar nicht zu[21]. Zwar haben das bischöfliche bzw. päpstliche Lehramt und die Theologie eine gemeinsame Wurzel, nämlich die göttliche Offenbarung, «die der katholischen Kirche vom Hl. Geist anvertraut ist und die in ihr bewahrt wird.» Dafür hat sie «das Charisma der

20 *Paul VI.*, Alloc. «Libentissimo sane» vom 1. 10. 1966 (abgedruckt in: OssRom vom 2. 10. 1966; ASS 58 [1966] 889–896; Übersetzung: HerdKor 20 [1966] 513–516).

21 Vgl. *M. Seckler*, a.a.O. 228.

Wahrheit und Unfehlbarkeit» erhalten. Dieses Charisma drückt sich aus im kirchlichen Lehramt. Die Wahrheit wird dabei verstanden als eine in sich geschlossene, anvertraubare, exakt formulierbare und inhaltlich eindeutig bestimmbare Größe, die – gleichsam meßbar – vom Lehramt tradiert und abgeschirmt werden kann; denn die «universale Norm dieser unfehlbaren Wahrheit liegt einzig bei dem authentischen Lehramt der Kirche, das die Aufgabe hat, das depositum fidei treu zu bewahren und unfehlbar auszulegen»[22]. Da die Glaubens*hinterlage* gleichsam als endgültig anvertrautes Gut verstanden wird, kann der Papst es als Aufgabe des *Lehramtes* bezeichnen, die apostolische Lehre *weiterzugeben*, sie *rein* zu erhalten und «im Licht der göttlichen Offenbarungen ein *amtliches Urteil* abzugeben»[23]. Die Theologie als «vom Glauben erleuchtete Vernunft und nicht ohne Erleuchtung durch den Hl. Geist» dient dem Fortschritt in der Erkenntnis der Glaubenswahrheiten dadurch, daß sie ihre Forschungsergebnisse dem Lehramt zur Kenntnis bringt, damit «durch die Lehre der Hierarchie alsdann das ganze christliche Volk erleuchtet werden kann»[24]. Nur insofern also als die Theologie dem Lehramt die Argumente und Hilfen liefert, «um die Vereinbarkeit der Glaubenslehre mit der Vernunft dazulegen», erfüllt sie ihren Auftrag. Deshalb haben die Theologen nicht Neues zu erforschen oder gar «neue Hypothesen und Theorien» aufzustellen, sondern «die Worte des ewigen Lebens zu verkünden». Freilich können sie das legitim nur tun kraft eines Lehrauftrages von

22 *Paul VI.*, dass., in: HerdKor a.a.O. 514.
23 *Paul VI.*, dass., in: HerdKor a.a.O.
24 *Paul VI.*, dass., in: HerdKor a.a.O.

seiten der kirchlichen Autorität. Auf diese Weise «dienen sie der Wahrheit». Aber nicht etwa dadurch, daß sie Gründe prüfen, Argumente suchen und historische Fakten aufspüren, sondern dadurch, daß sie dem Lehramt *folgen.* Dann werden sie, die Lehrer der Theologie, «in gewisser Weise sogar zu Lehrern der Wahrheit»[25].

Entschiedener als mit diesen Worten Paul's VI. ist die Aufgabe der Theologie als kirchlicher Glaubenswissenschaft wohl noch nie relativiert worden! Die Theologen haben es «als ihre höchste Ehre zu betrachten, gehorsame und exakte Interpreten des Lehramtes zu sein»; wenn sie sich so verstehen, dürfen sie glücklich sein, dem Lehramt zu dienen[26].

Der Theologie ist es somit nach diesem Verständnis grundsätzlich unmöglich, zu einer gültigen Erkenntnis zu gelangen ohne Hilfe oder normierende Weisung durch das Lehramt. Sie hat keine wegbereitende, sondern nur eine nachvollziehende, verteidigende Funktion, denn die «göttliche Wahrheit wird vom Hl. Geist in der Kirche vornehmlich mit Hilfe des Lehramtes bewahrt und dargelegt.» Wollte ein Theologe bei seiner Suche nach Wahrheit daran zweifeln, daß der Glaubenssinn der Kirche vom Lehramt nicht vollendet wiedergegeben und ausgedrückt werde, wäre das «eine unüberlegte Wahl; es wäre Häresie oder könnte den Weg zur Häresie bereiten»[27]. Die Theologie hat also nicht etwa der Wahrheit zu dienen, weil und insofern sie sich um die historische oder – wie immer objektiv begründete – Wahrheit bemüht, sondern weil sie einerseits kraft des Lehrauftra-

25 *Paul VI.*, dass., in: HerdKor a.a.O. 515.
26 *Paul VI.*, dass., in: HerdKor a.a.O.
27 *Paul VI.*, dass., in: HerdKor a.a.O.

ges durch das Lehramt handelt und sie sich andererseits an das vom Lehramt vorgegebene Materialobjekt hält. Die Kirche garantiert *nur* durch das Lehramt «gegen Zweideutigkeit, subjektive Auslegung, Verwirrung, Dekadenz und Widerspruch ... jedem die Wahrheit, die Sicherheit und die (richtige) Sprache»[28]. Auch die Erklärung der Glaubenskongregation «Mysterium Ecclesiae» vom 24.6.1973 versteht die Arbeit der Theologen noch stark unter diesem Gesichtspunkt. Die an sich und theoretisch als berechtigt anerkannte Freiheit der Theologen hat sich jedoch «in den vom Gotteswort gesetzten Grenzen (zu) halten» und zwar in dem Umfang und Verständnis, wie es vom Lehramt bewahrt und dargeboten, gelehrt und erklärt wird[29].

Nach diesem Verständnis sitzt, wie *Max Seckler* es formuliert, die Theologie buchstäblich «zwischen den beiden Stühlen der Vernunft und der Autorität. Einerseits hat sie eine Art amtlichen Auftrag und gehört selbst, dem Delegationsgefüge gemäß, in gewisser Weise zum Kirchenamt. Der Delegierte und der Delegierende sitzen auf demselben Stuhl. Andererseits ist sie auf die Vernunft und auf rationale, wissenschaftliche Methoden verwiesen»[30]. Dabei geht es gar nicht «um Bindungslosigkeit oder Ungebundenheit ‹freier Meinung›, sondern gerade um die Bindung des Glaubens an das Denken

28 *Paul VI.*, Alloc. «Benedicamus Domino» vom 24. 8. 1968, in: OssRom 26./28. 8. 1968.

29 AAS 65 (1973) 396–408; Übersetzung: HerdKor 27 (1973) 416–421; hier: 420. – Auch die Erklärung der gleichen Kongregation vom 15. 2. 1975 zu zwei Werken von Prof. Johannes Küng geht davon aus, daß die Theologen die Glaubensgeheimnisse «im Gehorsam des Glaubens zur wahren Erbauung der Kirche erforschen und erklären» (AAS 67 [1975] 203–204; Übersetzung: HerdKor 29 [1975] 182).

30 Theologie als kirchliche Wissenschaft, a.a.O. 227.

und an die wissenschaftliche Methode, zu denen sich die Theologie bekennen muß, will sie nicht als ideologisch manipulierter Funktionär erscheinen»[31].

Von diesem Tatbestand her erweist sich die Frage nach dem Verhältnis von kirchlichem Lehramt und Theologie als eine für die Kirche und ihr geistig-geistliches Leben *wesentliche* Frage[32]. Darum mag es sachlich gerechtfertigt sein, die theoretischen Überlegungen über Menschenrechte und Kirche zu konkretisieren durch die Darstellung jener Verfahrensordnungen, mit deren Hilfe das kirchliche Lehramt glaubt, Konflikte mit dem Lehramt der Theologen bereinigen zu können. Dabei geht es nicht nur um die individuelle Freiheit und die wissenschaftliche Verantwortung des einzelnen Theolo-

31 *M. Seckler*, a.a.O. 234.

32 Darum haben sich auch fast alle Theologen von Rang mit diesem Problem – implizit oder explizit – auseinandergesetzt. So beispielsweise: *H. Fries*, Theologie, in: Handbuch theologischer Grundbegriffe II, 1963, 641–654: Theologie hat ihren Weg «zu gehen zwischen zwei gegensätzlichen Fronten, die von Anfang an deutlich waren: Der Verwerfung der Wissenschaft des Glaubens im Namen des Glaubens und der Aufhebung des Glaubens in der Wissenschaft vom Glauben zugunsten der Wissenchaft» (653). – *P. Schoonenberg*, Die Interpretation des Dogmas, 1969, insbes.: 88–97; *E. Schillebeeckx*, Glaubensinterpretation. Beiträge zu einer hermeneutischen und kritischen Theologie, 1971, insbes.: 78–95. – *W. Kasper*, Glaube und Geschichte, 1970, insbes. 180–181 und 26, wo er ausdrücklich von der kritischen Funktion von der Theologie innerhalb der Kirche spricht. – *B. Casper/K. Hemmerle/P. Hünermann*, Theologie als Wissenschaft 1970. *K. Rahner*, Disput um das kirchliche Lehramt, in: Schriften zur Theologie X, 1972, 324–337; *ders.*, Glaubenskongregation und Theologenkommission, in: a.a.O. 338–357; *ders.*, Der Pluralismus in der Theologie und die Einheit des Bekenntnisses in der Kirche, in: Schriften zur Theologie IX, ²1972, 11–33. – *M. Gatzemeier*, Theologie als Wissenschaft? II Wissenschafts- und Institutionenkritik, 1975, insbes.: 138–143. – Ferner: *A. Grabner-Haider*, Theorie der Theologie als Wissenschaft 1974. Er wertet die Funktion des Lehramtes in bezug auf die Theologie als jene eines Konsistenztestes. Die Konflikte zwischen Theologie und Lehramt spielen sich in Form von «Konsistenztest und Konsensbildung ab» (214).

gen, sondern um eine wesentliche Funktion der Kirche, ohne die christlicher Glaube als in der Geschichte lebendiger Glaube gar nicht bestehen kann. Deshalb steht in dem dialektischen Spannungsverhältnis zwischen dem kirchlichen Lehramt und dem theologischen Lehramt nichts weniger auf dem Spiel als die Konkretisierung des Glaubens der ganzen Kirche in der Geschichte. Obwohl sich der katholische Theologe – wie die Deutsche Bischofskonferenz in ihrer Stellungnahme zur Erklärung der Glaubenskongregation zum Abschluß des Verfahrens gegen Hans Küng festgestellt hat – «grundsätzlich auf den Boden der kirchlichen Glaubensüberzeugung (stellt) und ... mit seinen Mitteln ihre Begründung und Deutung (sucht)», kann «zum Beispiel das Aufkommen neuer Fragestellungen zunächst zu Spannungen führen»[33]. Darum sind die Formen, wie Konflikte zwischen diesen beiden Institutionen der Kirche durchgehalten und ausgetragen werden, nicht nur von juristisch-theoretischem Interesse, sondern von hoher existentieller Bedeutung für Glauben und geistliches Selbstverständnis der Kirche insgesamt und jedes einzelnen Gläubigen; denn die Freiheit ist «auf der Spitze ihres Vollzugs dasselbe wie Wissen», weil und insofern in der letzten Tiefe menschlicher Existenz beide in ihrer Einheit erfahren

33 HerdKor 29, 1975, 182–185; hier: 183. – *W. Kasper* hat «Zur Diskussion um das Problem der Unfehlbarkeit» (in: Theologisches Jahrbuch 1973, hrsg. v. *S. Hübner*, 355–368) festgestellt, daß beispielsweise die von Hans Küng vorgebrachten Fragen bezüglich des «Mechanismus» der päpstlichen Unfehlbarkeit «sich weder durch kirchliche Verurteilungen noch durch theologische Polemik lösen (lassen). Sie erfordern von der Theologie eine Grundlagenbesinnung auf ihr Wahrheitsverständnis, von der Kirche ein Nachdenken darüber, ob ihre konkreten Strukturen und Methoden der Überzeugungskraft des Evangeliums in dieser Zeit gerecht werden.» (368; vgl. auch in: Fehlbar? Eine Bilanz. Hrsg. von H. Küng, 1973, 74–89, hier: 88).

werden: «Es gibt also ein Wissen, das Freiheit *ist*»[34]. Um diese Wirklichkeit eines Glaubens, der in seiner letzten Tiefe die Vollendung des menschlichen Wissens und zugleich Vollzug der menschlichen Existenz als Freiheit ist, geht es letztlich!

34 G. *Muschalek*, Glaubensgewißheit in Freiheit, 1968, 77 (QD 40).

Der christliche Glaube, der Wesensgrund der Kirche, ist nicht ein Für-wahrhalten, sondern das lebendige und stete Vertrauen in die Kraft des personalen Gottes. Diesen von allen Seiten angefochtenen, aber sieghaften Glauben verkündeten die Apostel nach dem Tod ihres Meisters. Sie verkünden die frohe Botschaft des gekreuzigten Herrn jedoch mit verschiedenen Akzenten: Petrus anders als Jakobus, Philippus anders als Johannes, und Apollos anders als Paulus, wie auch die «Theologie» der Synoptiker eine andere ist als die des Johannesevangeliums. So konnte Paulus schreiben: «Sofern Eifersucht und Streit in eurer Mitte herrschen – seid ihr da nicht ungeistig und wandelt nach Menschenweise? Wenn einer sagt: ‹Zu Paulus gehöre ich!› – Ein anderer: ‹Zu Apollos!› – Seid ihr da nicht menschlich? Was ist denn Apollos, und was ist Paulus? Helfer, durch die ihr zum Glauben gekommen seid, jeder, wie es der Herr ihm verlieh» (1 Kor 3,3–5).

## *1. Legitimation durch den Geist?*

Dennoch gab es Richtungskämpfe, die so tief an die Substanz der christlichen Botschaft gingen, daß der gleiche Apostel im Brief an die Galater (1,8) schreiben kann: «Aber würden wir selber oder ein Engel vom Himmel euch eine andere Heilsbotschaft verkünden als wir sie euch verkündeten – verflucht sei er.»

Wer aber entschied, wann eine Verkündigung zu einer «anderen Heilsbotschaft» verkehrt worden war? – Es gab keine Festlegung und kein Verfahren: Die Kraft des Geistes legitimierte sich im Geistträger; er urteilte spontan und exemplarisch; durch seinen Mund richtete Gott den Irrlehrer ebenso wie das betrügerische Ehepaar Ananias und Saphira (Apg 5, 1–11). «Im Geist» fällt *Paulus* das Urteil über den Blutschänder: «Im Namen unseres Herrn Jesus Christus sollt ihr ... diesen Menschen dem Satan übergeben zum Verderben für das diesseitige Leben, damit seinem Geiste Rettung werde am Tage des Herrn» (1 Kor 5, 4–5). Die Apostel verhängen in beiden Fällen weder «Disziplinarmaßnahmen» noch sprechen sie Recht, vielmehr vollzieht sich auf ihr Wort hin an den Übeltätern ein geistliches Gericht: Im Spruch des Geistes ereignet sich Gottes Gerechtigkeit. Es werden also «Sätze heiligen Rechts» angewandt, in denen Gottes Macht offenbar wird[35].

In diesem Sinn, nämlich am Menschen Gottes Barmherzigkeit oder sein Gericht offenbar werden zu lassen, ist auch die Übertragung der Vollmacht des Leitens (Joh 21, 15–17) und des Bindens und Lösens (Mt 18, 18; Joh 20,23) zu verstehen: Im Wort der Apostel erweist sich die Kraft Gottes. Aber mit der Verzögerung der Parusie und in dem Maße, wie die Gemeinden sich ver-

35 Die Formulierung wurde von *E. Käsemann* (Exegetische Versuche und Besinnungen Bd. 2., 1964, 69–82) in diesen Zusammenhang übernommen, um anzudeuten, daß auch eine solch' «verfremdende» Übernahme letztlich einem terminologischen (?) Mißverständnis erliegt: Denn – und darin ist Käsemann gegen *R. Sohm* durchaus zuzustimmen – was hier gemeint wird, ist gänzlich anderer Art als das, was wir unter «Recht» verstehen! – Andererseits ist mit *H. Dombois* (Das Recht der Gnade II 1974, 107 ff) davor zu warnen, die Sohm'sche Konzeption zu einseitig unter seiner These zu verstehen, «das Kirchenrecht stehe mit dem Wesen der Kirche in Widerspruch» (*R. Sohm,* Kirchenrecht I, 1892, 1).

festigten und – notwendig – organisierten, stellte sich die Frage nach der Vollmacht, der Zuständigkeit und dem Verfahren zur Sicherung der Botschaft und des Lebens der Gemeinde. Der sog. erste *Clemensbrief* der römischen Gemeinde an die Kirche von Korinth und die *Zwölf–Apostel-Lehre* zeigen deutlich das Ringen sowohl um Legitimation für ein Eingreifen als auch um Kriterien für die Unterscheidung der rechtsmäßigen Presbyter und Propheten. «Nicht jeder, der im Geist redet, ist ein Propht, sondern nur, wenn er die Art des Herrn an sich hat. An der Art also wird der falsche Prophet und der echte erkannt»[36]. Die «Art des Herrn» ist also Kriterium für die Wahrheit der Rede des – fremden – Propheten; denn «jeder Prophet, der die Wahrheit lehrt, aber selber nicht tut, was er lehrt, ist ein falscher Prophet». Doch wenn er das Rechte lehrt, es aber nicht tut, soll er von der Gemeinde nicht gerichtet werden. «Denn das Urteil über ihn steht bei Gott»[37].

Je mehr freilich die frohe Botschaft des Menschensohnes zur *«Lehre»* wurde und in dem Maße, wie philosophisch-spekulative und damit auch falsifizierbare Vorstellungen an Gewicht gewannen, begann das Ringen um die rechte Lehre[38]. Die rational-geschichtsbewußte Auseinandersetzung – vor allem im 2. Jahrhundert – mit den mythischen Gedanken und ungeschichtlichen Wegen der Gnosis war entscheidend für die ge-

36 Lehre des Herrn durch die Zwölf Apostel an die Heiden (Didache) XI, 8 (Übersetzung: Die Zwölfapostellehre. Eine urchristliche Gemeindeordnung. Übertragen, eingeleitet und erklärt v. *L. A. Winterswyl*, [2]1954, 29).

37 Ebd. XI, 10–11.

38 Vgl.: *P. Stockmeier*, Glaube und Religion in der frühen Kirche, 1973, insbes.: 17–80.

samte Entfaltung des Christentums: Es entwickelte sich die christliche «Lehre», wie auch nicht zufällig der erbittertste Gegner der Gnosis, *Irenäus* (Ende 2. Jahrhundert), als «Vater der katholischen Dogmatik» bezeichnet wird. Wo es gilt, eine «Lehre» gegen eine andere oder gegen – tatsächliche oder vermeintliche – Abweichungen zu verteidigen, können Eiferer und Fanatiker nicht fehlen, die alle ethischen Grundsätze ihrer «Lehre» vergessen, wenn es um die Ausrottung des «Irrtums» geht. Als Prototyp einer solchen Haltung mag *Epiphanias von Salamis* (gest. 403), der maßlose «Ketzerhammer», erwähnt sein: Die von ihm als Origenisten verfolgten *langen Brüder* erteilten ihm eine Lektion, die für «Verfahren» dieser Art auch heute noch beherzigenswert sein mag: Ihr Anführer, *Ammonios,* fragte ihn nämlich: «Ich möchte doch gerne in Erfahrung bringen, ob du jemals mit Schülern von uns zusammengetroffen bist oder Bücher von uns gelesen hast.» Als Epiphanias das verneinen mußte, fragte er ihn weiter: «Woher hast du also geglaubt, daß sie Häretiker seien, wenn du keine Probe ihrer Gesinnung besitzt?»[39] – Der Grundsatz, nicht auf ein bloßes Gerücht oder eine anonyme Anzeige hin zu verurteilen, entsprach zwar der guten römischen Rechtspraxis; wir erinnern uns an die Reskripte der Kaiser *Trajan* an Plinius[40] und *Hadrian* an Minucius Fundanus zu Beginn des 2. Jahrhunderts[41]. Dennoch haben sich diese rechtlichen Grundsätze in der Kirche nicht leicht durchsetzen können; im Gegenteil,

39 *Sozomenos,* Kirchengeschichte VIII, 15,3 (GCS Bidez-Hansen 359; übersetzt v. *J. Wippern*).

40 *C. Plinius Caecilius Secundus,* ep. 10,96,97.

41 *Eusebius,* Kirchengeschichte IV,9.

gerade in der Phase nach der «Konstantinischen Wende» beobachten wir bei manchen Christen einen abgrundtiefen «Haß» gegen das Heidentum und seine Anhänger, der nur aus der besonderen Situation dieser neuen monotheistischem Universalreligion gegenüber den etablierten und rezipierten Reichs- und Stammesreligionen zu verstehen ist: Je bewußter die Christen den Glauben an den einzigen Gott geistig aufzuarbeiten trachteten, um so notwendiger wurde es, alle Menschen vom Irrtum des Götterglaubens zu befreien. Es ging ja dabei um das Heil aller und des ganzen Gemeinwesens. Dieses Heil nämlich hing an der Anerkennung der «Wahrheit» dieses einen Gottes. Die Verschmelzung des alttestamentlichen Monotheismus und der jüdisch-christlichen Messiashoffnung einerseits mit der antiken Philosophie und den Grundsätzen der römischen Staatsrechtslehre andererseits machen eine solche Haltung nicht nur verständlich, sie forderten sie vielmehr geradezu heraus. Darum war es nur konsequent, wenn *Firmicus Maternus* (Mitte 4. Jahrhundert) den «allerfrömmsten Kaiser» aufforderte, gegen die Nichtchristen wegen ihrer Staatsgefährlichkeit mit Gewalt vorzugehen und ihre Tempel niederzubrennen, alles Gut zu konfiszieren und zu zerstören und die Heiden auch gegen ihren Willen zum Eintritt in die Kirche zu zwingen oder zu bestrafen[42]. In der Tat, nach dem ebenso folgerichtigen wie folgenschweren Bündnis des Staates mit der Kirche stabilisierten sich die Interessen beider Institutionen gegenseitig: War die Feststellung, wer als Heide zu gelten hatte, einfach, so war es schwierig zu entscheiden, wer «Häreti-

42 De errore profanarum religionum 28–29, in: CSEL, 1866, vol. I p. 123–130.

ker» oder «Schismatiker» war. Im Streit behaupteten das beide Seiten immer von der anderen; die endgültige Entscheidung war nicht zuletzt auch eine Machtfrage[43], bei der Bischöfe wie Kaiser nicht selten die Positionen wechselten.

Die Ketzerei ist Sünde vor Gott, weil sie Schuld gegen die Gemeinschaft der Kirche und ihre Wahrheit ist; sie gilt als ein Verbrechen gegen die Einheit des Reiches, das seine Kraft aus der einenden Religion zieht. Darum gewährte *Konstantin* keineswegs Religionsfreiheit, sondern wandte den Christen und ihrer Kirche seine Gunst zu. So berichtet *Eusebius* von einem Edikt *Konstantins* gegen die «gottlosen Häretiker»[44]. Ihm folgten zahlreiche Gesetze unter *Gratian, Valentinian I* und besonders unter *Theodosius I* und *Justinian*[45].

Wer aber entschied, welche Lehre Ketzerei und welcher Theologe ein Ketzer war? Sicher ist, daß auch auf den Synoden nicht nur die «orthodoxe» Mehrheit den

43 Vgl.: *W. Bauer,* Rechtgläubigkeit und Ketzerei im ältesten Christentum, ²1964. – *C. Schneider* (Geistesgeschichte der christlichen Antike. 1970, 601) hat darauf hingewiesen, daß jede geistige Bewegung einmal in den Bereich der *politischen Machtsphäre* kommt, «und zwar um so mehr, je totaler die Ansprüche beider Seiten sind. Total waren die Ansprüche des Römischen Reiches und die der neuen Religionen. Das konnte zum Bündnis beider führen, wenn sie ein gemeinsames Ziel hatten; war das aber nicht der Fall, mußte es zu schwersten Zusammenstößen kommen». – Beides hat das Christentum von frühester Zeit bis in die Gegenwart erfahren! – Ein Beispiel dafür mag Leben, Werk und Schicksal des Athanasius sein. Die mannigfaltigen Imponderabilien stellt *H. Lietzmann* dar (Geschichte der alten Kirche III. Die Reichskirche. ³1961, 117–119; 193–197). Vgl. auch *E. Schwartz,* Gesammelte Schriften Bd. 3, 1959; Bd. 4, 1960, 11–74.

44 Vita Constantini III, 64.

45 Vgl. z. B. Cod. Just. I, 3,1,42 pr. – Eine Fülle weiterer Quellennachweise der antihäretischen Gesetzgebung der Kaiser finden sich bei *H. Maisonneuve,* Études sur les origines de l'inquisition. ²1960, 30–35; außerdem: Der römische Staat und die frühe Kirche, in: Texte zur Kirchen- und Theologiegeschichte Heft 20, 1974.

Ausschlag gab, sondern ebenso der Wille des Kaisers, die aufgewiegelte öffentliche Meinung und die jeweiligen politischen Konstellationen, sowie schließlich auch das taktische Geschick der kirchlichen Akteure keine unwesentliche Rolle spielten: In ihrem Ringen um die «Orthodoxie» seien «die Christen einander gefährlichere Gegner als Bestien», wie es ein zeitgenössischer, wenn auch nicht ganz vorurteilsfreier Autor berichtet[46].

Die Tatsache jedoch, daß bereits im Jahr 385 *Priscillian* und seine Gefährten in Trier vom *kaiserlichen* Gericht als Ketzer verurteilt und hingerichtet wurden[47], zeigt das ganze Ausmaß der Tragödie der Vereinnahmung der Kirche durch den Staat. Dieser Vorgang macht die Gefährlichkeit der unheilvollen Verbindung zwischen politischer Macht und endzeitlichem Glauben deutlich. *Martin von Tours* und *Ambrosius von Mailand* verurteilten zwar diese Art des Vorgehens, doch zeigte sich bald der Bischof von Rom, *Leo I.*, befriedigt[48]. Und auch *Augustinus*, der anfangs gegen weltliche Strafen für Ketzer war[49], verteidigt später den Einsatz weltlicher Gewalt angesichts der damit erreichten «Bekehrungen» unter Berufung auf das Alte Testament, wenn er auch zunächst Folter und Todesstrafe verwarf[50]. Die böse Saat ungeistlicher Gewalt und geistigen Terrors aber blühte von früher Stunde an, obwohl *Johannes Chrysostomus* die Tötung der Häretiker verwarf, «weil

46 *Ammianus Marcellinus*, Res gestae 22,5,4, in: Römische Geschichte, lateinisch und deutsch mit Kommentar von *W. Seyfarth* III. Teil, 1970, 17.

47 Vgl. *P. Stockmeier*, Das Schwert im Dienste der Kirche. Zur Hinrichtung Priscillians in Trier, in: Festschrift für A. Thomas, 1967, 415–428.

48 Ep. 15 ad Turribium (PL 54, 679).

49 Z. B. Ep. 185 n. 25.

50 In: «De Civ. Dei» verwirft *Augustinus* die Folter gänzlich! (19,6).

man sonst einen unversöhnlichen Krieg über die Welt brächte»; denn wenn man «die Waffen ergreifen und die Häretiker umbringen würde, so müßten auch viele Heilige das Leben lassen». *Chrysostomus* meint, der Herr verbiete zwar nicht, den Häretikern zu widerstehen, sie zu widerlegen, ihre Zusammenkünfte und Verbindungen aufzulösen, «sondern nur, sie auszurotten und zu töten»[51].

## 2. *Wer entscheidet?*

In der kirchlichen Frühzeit entschied der Bischof oder – meist bei Widerspruch – die Synode im Einzelfall, ob eine *konkrete* Lehre als irrig zu verwerfen sei oder nicht. Erst als sich mit fortschreitender Reflexion ein zusammenhängendes Lehrsystem herausgebildet hatte und klar formulierte «Glaubenssätze» fixiert worden waren, wähnte man, in den so entstandenen «Dogmen» so etwas wie allgemeine «Glaubensgesetze» an der Hand zu haben. Das seit Mitte des 12. Jahrhunderts aufblühende *kanonische Recht* förderte und präzisierte diese Vorstellungsweise: Wer von diesen für eindeutig und klar gehaltenen «Glaubensgesetzen» abwich (und abweicht) und sich nicht dem Urteil der – mit dem Papst vereinten – Bischöfe unterwarf, galt als Ketzer, war ein Feind der Einheit der Kirche wie des Reiches. Die Frage, ob eine solche Identifikation des geistlichen Irrglaubens mit politischem Verrat zulässig war, konnte in jenem Zeitalter gar nicht auftauchen. Im Gegenteil: In dem Maß,

51 46. Homilie in Mt c. 13 (PG 58, 477; BKV 26, 44–45).

wie die Frohe Botschaft zur «Lehre» fortentwickelt wurde und mit Hilfe der von der Philosophie inspirierten «Dogmatik» die Grenze zum Fehlglauben theoretisch immer deutlicher und differenzierter abgrenzbar schien, werden die Glaubens*sätze* zu Glaubens*gesetzen,* wird das liturgische Glaubens*bekenntnis* zur gesetzlich anwendbaren *Norm,* mit deren Hilfe der Häretiker überführt werden kann. Die scholastische Methode der Kontrastierung liefert dazu das geistige Rüstzeug: Das Evangelium wird nun nicht mehr zuerst als gnadenhaftes Geschenk Gottes an den Menschen gesehen, sondern als dem Menschen aufgetragene Wahrheit verstanden, die treu und hart nachvollzogen werden muß. Die Kirche ist nicht mehr – nur – die Gemeinde derer, die auf die Vollendung des Reiches der Himmel wartet, sondern «Reich» Gottes in dieser Welt, genauso real und sichtbar wie die Republik Venedig (*Robert Bellarmin*) und ein politischer Machtfaktor erster Ordnung. Dadurch wiederum aber waren «Glaube» und Glaubenssatz endgültig zu *politischen* Faktoren geworden. So erweist sich, daß gerade der Gedanke der Einheit von Kirche und Gesellschaft, wie er seinen deutlichsten Ausdruck im Begriff der «Christenheit» findet, und der eine seiner Ursachen im Glauben an Gottes universalen Heilswillen hatte, der wesentlichen Eigenart und Unverfügbarkeit der evangelischen Botschaft abträglich gewesen sein dürfte. Aus unserer heutigen Sicht wird man es daher als Tragik bezeichnen müssen, daß selbst ein so großer theologischer Denker wie *Thomas von Aquin* die Ansicht seiner Zeit und das vorgegebene «politische» Denken der Dogmatiker nicht zu durchbrechen vermochte und das «Verbrechen» der Häresie mit der Falschmünzerei verglich[52], obwohl gerade bei ihm das Bemühen deutlich ist, der Versuchung der Macht zu widerstehen und die Anwendung von Gewalt einzudämmen. Man wird nicht fehlgehen, wenn man feststellt, daß in diesem Verständnis von Glaube und Kirche der moderne Rationalismus und damit zusammenhängend auch der neuzeitliche Säkularisierungsprozeß einen ersten Kulminationspunkt in der Kirche erreicht haben, den weder die Dogmatik noch das kirchliche Selbstverständnis bis heute überwunden haben. Der häufige Gebrauch des Begriffes *regula fidei* in dogmatischen Traktaten und amtlichen Verlautbarungen bestätigt das. Dabei wird zu leicht übersehen, daß auch diese *regula fidei* ihre geschichtlichen Entwicklungsstufen durchlaufen hat und von ganz bestimmten – zeitbedingten – Sprachformen und Denkmodellen geprägt ist.

52 Summa Theologica II–II q. 11 art. 3: «Hinsichtlich der Häretiker ist zweierlei zu beachten: eines von ihnen selbst her, das andere von der Kirche her. Auf seiten jener liegt eine Sünde vor, durch die sie verdient haben, nicht nur von der Kirche durch den Bann ausgeschieden, sondern auch durch den Tod von der Welt ausgeschlossen zu werden. Denn es ist weit schwerwiegender, den Glauben zu entstellen, ... als Geld zu fälschen, das nur dem irdischen Leben dient. Wenn Münzfälscher und andere Übeltäter ohne weiteres durch die weltlichen Fürsten von Rechts wegen dem Tod überliefert werden, so können um so mehr die Häretiker, sobald sie der Häresie überführt sind, nicht nur von der Gemeinschaft ausgeschlossen, sondern auch von Rechts wegen getötet werden.

Auf seiten der Kirche aber ist Barmherzigkeit zur Bekehrung der Irrenden. Daher verdammt sie nicht ohne weiteres, sondern erst, ‹wenn sie einmal oder zweimal gewarnt hat›, wie der Apostel anweist. Dann aber, wenn er (der Häretiker) noch immer hartnäckig erfunden wird und die Kirche auf seine Bekehrung keine Hoffnung mehr haben kann, denkt sie an die Rettung der anderen, indem sie durch Bannspruch ihn von der Kirche absondert; und darüber hinaus überläßt sie ihn dem weltlichen Gericht, damit er durch den Tod von der Welt getilgt werde ...» (Übersetzung: Die Deutsche Thomasausgabe Bd. 15, 1950).

## *3. «Compelle intrare» oder Die Geburt der Inquisition*

Obwohl Papst *Nikolaus I.* (866) die Anwendung der Folter sogar gegen Diebe und Räuber als Verletzung menschlichen und göttlichen Rechts verworfen hatte, da das Geständnis nicht erzwungen werden dürfe, sondern freiwillig sein sollte[53], wurde der Gebrauch von Gewalt gegen «Irrgläubige» jedweder Genese üblich. Auch dazu hat Thomas von Aquin unter Berufung auf Augustinus einen wesentlichen und unheilvollen Beitrag geleistet[54].

53 Responsa ad consulta Bulgarorum n. 86 (PL 119, 1010): «Wenn ein Dieb oder Räuber ertappt ist und abgestritten hat, was ihm angelastet wird, erachtet ihr es für zulässig, daß der Richter seinen Kopf mit Schlägen traktiert und seinen Leib dann mit eisernen Stacheln mißhandeln läßt, bis er endlich die Wahrheit (aus ihm) herauspreßt? Dies gestattet das göttliche oder menschliche Gesetz durchaus nicht, da ein Eingeständnis nicht unfreiwillig, sondern spontan sein muß und nicht auf gewaltsame Weise entlockt werden darf, sondern freiwillig gemacht werden muß. Für den Fall schließlich, daß der Beschuldigte selbst nach vollzogener Folter nichts von der ihm angelasteten Beschuldigung zugibt, kommt ihr dann nicht wenigstens in Verlegenheit und gebt zu, wie frevelhaft ihr in eurem gerichtlichen Verfahren vorgeht? Wenn aber in einem ähnlichen Fall jemand, der solches erlitten hat und diesem Druck nicht weiter standhalten kann, sich dazu nötigen ließ einzugestehen, was er tatsächlich nicht begangen hat, auf wen fällt, frage ich, das Gewicht dieser unerhörten Ruchlosigkeit, wenn nicht auf den, der ihn zwingt, derartige Eingeständnisse fälschlich zu machen?» (Übersetzung: *J. Wippern*).

54 Summa Theologica II–II q. 10 art. 8: «... Es gibt aber andere Ungläubige, die einmal den Glauben angenommen haben und ihn offen bekennen, wie die Häretiker und alle Abtrünnigen. Und solche sind auch mit körperlichen Mitteln zu nötigen, zu erfüllen, was sie versprochen, und festzuhalten, was sie ein für alle Mal angenommen haben ...

Zu 4. Wie Augustinus in den nämlichen Briefe sagt: ‹Keiner von uns will, daß irgend ein Häretiker umkomme. Aber anders hätte das Haus David nicht den Frieden haben können, wenn nicht Absalom, sein Sohn, in dem Kriege, den er gegen seinen Vater führte, vertilgt worden wäre. So heilt auch die Kirche, wenn sie durch Vernichtung einiger die übrigen zusammenhält, den Schmerz ihres mütterlichen Herzens durch die Befreiung so großer Scharen.›» (Übersetzung: Die Deutsche Thomasausgabe Bd. 15).

Die Verletzung der Gemeinschaft des Glaubens und der Disziplin der Kirche galt als Anschlag auf die Einheit der Christenheit und als Attentat gegen die christliche Gesellschaft, war Hochverrat auch gegen den christlichen Staat. Der Kirche oblag die Feststellung dieses Tatbestandes, dem Staat der Vollzug der zugezogenen Strafe. *Robert von Frankreich* ließ im Jahr 1017 dreizehn Häretiker, Kleriker und Laien, verbrennen. Der Scheiterhaufen wurde Mode.

Seit der Mitte des 12. Jahrhunderts begegnen uns kaum kirchliche Stimmen von Rang, die auf die Bestrafung der Häretiker durch den weltlichen Arm zu verzichten bereit waren. Ursache dafür mag neben der Wiederentdeckung des römischen Rechts vor allem die von den Katharern ausgehende Bedrohung der Einheit der christlichen Gesellschaft des Abendlandes gewesen sein. Dieser geistigen Gewalt glaubte man nur mit physischer Gewalt begegnen zu können. Die Anwendung von Zwang in jeglicher Form gegen die Ketzer als *politische* Gefahr wurde von weltlichen und geistlichen Herren gefordert: Das *III. Laterankonzil* vom Jahre 1179 stellte in Kanon 27[55] «praktisch die Charta des Häretikerkreuzzuges» auf: «Die bisher für die Kreuzfahrer geltenden Privilegien, Ablässe, der ihnen und ihrem Besitz gewährte päpstliche Schutz, sollen nun auch denen gelten, welche sich dem Kampf gegen die Häresie mit der Waffe zur Verfügung stellen»[56]. Der Glaube ist nun nicht nur Gegen-

55 Conciliorum Oecumenicorum Decreta. Ed. *H. Jedin*. ²1962, 200–201; Zur Quellenlage, ebd. 181–186. Für die historische Darstellung vgl. *G. Schnürer*, Art. Inquisition, in: LThK V, 1933, 419–423.

56 *H. Wolter*, in: Handbuch der Kirchengeschichte III/2. Die mittelalterliche Kirche. 1968, 85. Das IV. Lateranense (cap. III) bestätigte diese Privilegien für jene, «die unter dem Zeichen des Kreuzes sich gerüstet ha-

stand politischer Sicherung und Machenschaften geworden – eine Entwicklung, die, wie wir gesehen haben, bis in die Frühzeit zurückreicht –, sondern war nun als religiös-politische Verhaltensweise der Rechtgläubigkeit auch *judikabel* geworden: Die dogmatische Lehraussage hat gesetzliche Verbindlichkeit. Kein Wunder, daß die führenden Männer der Kirche dieser Epoche Kanonisten waren[57]. Der christliche Glaube hatte seinen politischen Zenit erreicht; er hatte die Klarheit eines Gesetzbuches und die Tragkraft einer politischen Idee und bedurfte, so schien es, nur noch der Rigorosität, um den Menschen das Heil, dem Papst die Macht, den Fürsten Glanz und Gott ein gut geordnetes »Reich« zu sichern.

Wenn Papst *Innozenz III.* zum Kreuzzug gegen die Albigenser aufrief und die Häresie zum Majestätsverbrechen erklärte, so war das nicht Ausdruck seines persönlichen Verständnisses von Irrglauben einerseits und politischer Macht andererseits, sondern Ausdruck des Denkens einer ganzen Epoche. Das *IV. Laterankonzil* vom Jahre 1215 gewährte nicht nur allen, «die unter dem Zeichen des Kreuzes sich gerüstet haben, Häretiker auszurotten», Straffreiheit, sondern führte auch die bischöfliche Inquisition ein. Dabei stellte es nicht nur allgemeine Regeln für die Verfolgung der Häretiker auf, sondern drohte auch jenen Fürsten, welche die Ketzer nicht bestraften, mit Exkommunikation und Länderent-

ben, Häretiker auszurotten; sie sollen sich jener Straffreiheit erfreuen ...» (Conciliorum Oecumenicorum Decreta 210).

57 Z. B. Alexander III. = Rolandus Bandinelli; Innozenz III. = Lothar von Segni; Innozenz IV. = Sinibald Fieschi. Der Kanonist Magister Rufinus, Bischof von Assisi, hielt auf dem III. Lateranense die Eröffnungspredigt.

ziehung[58]. Immerhin aber ermahnte es die Bischöfe, «mit der gebotenen Umsicht zu Werke zu gehen, damit sie nicht durch eine beträchtliche Abkürzung des Verfahrens zu einem schwerwiegenden Fehlurteil gelangen»[59].

Die Verbrennung als Regelstrafe für Ketzer – als Reichsfeinde – ordnete zuerst wohl König *Peter II. von Aragonien* im Jahr 1197 an. Kaiser *Friedrich II.*, den seine Feinde für den «Antichrist» hielten, bestimmte im Jahre 1224 zunächst für die Lombardei, wo nicht nur Ketzer zu Hause waren, sondern vor allem auch seine politischen Feinde, daß die vom Bischof überführten «Häretiker» von der weltlichen Autorität gefangenzunehmen und entweder zu verbrennen seien oder ihnen die Zunge herausgerissen werden müsse[60]. Nach diesem

58 A.a.O. 209–211 (cap. III: De haereticis). Vgl. *G. Schnürer*, Art. Inquisition, a.a.O. 421.

59 Ebd. cap. III: De haereticis: «... so muß der Anklage eine vorgeschriebene Anklageschrift, der Anzeige eine brüderliche Ermahnung, so muß der (peinlichen) Befragung eine eindringliche Unterrichtung vorausgehen, damit jenes Verfahren stets eingehalten ist, die Form des Urteils der des Prozesses entspricht. Dennoch glauben Wir, daß dieser Verfahrensgang keineswegs bei Mönchen angewendet werden sollte, die, wenn es die Sachlage erfordert, ziemlich leicht und ohne Umstände aus ihrer Stellung entfernt werden können.» (!)

60 Monumenta Germaniae Historica, Constitutiones IV, 2, p. 126: «Deswegen haben Wir, versehen mit der Autorität beider Rechte zur Ausrottung und Säuberung von Anstiftern eines so ruchlosen Verbrechens, von Komplizen und Anhängern häretischer Verworfenheit (welcher Name auch immer ihnen beigelegt wird) dafür gehalten, indem Wir den erhabenen Regungen Unseres Herzens folgten, durch dieses Unser Edikt, das in der ganzen Lombardei fortan unumstößlich gelten soll, müsse bestimmt werden:

Wer auch immer durch den Vorsteher der Gemeinde oder Diözese, in der er lebt, nach einer wohlfundierten Untersuchung eindeutig der Häresie überführt und zum Häretiker erklärt worden ist, der soll durch die Inhaber der Amtsgewalt, die Mitglieder des Ratskollegiums und durch die rechtgläubigen Männer eben dieser Gemeinde und Diözese zum Zwecke der (peinlichen) Befragung seitens des Vorstehers sofort festgesetzt werden und ist auf

Grundsatz, der bald für ganz Italien Geltung erhielt, ließ auch Papst *Gregor IX.* verfahren. Im Jahre 1232 ging *Friedrich II.* einen entscheidenden Schritt weiter: Die Ketzer sollten nun durch Staatsbeamte aufgespürt und dem kirchlichen Gericht übergeben werden; verharrten sie im Unglauben, waren sie öffentlich zu verbrennen. Papst *Gregor IX.* jedoch wollte das Aufspüren der Ketzer nicht den staatlichen Beamten überlassen, sondern bestellte eigene päpstliche Inquisitoren, meist Dominikaner und Franziskaner. Die *Inquisition* war endgültig geboren. Zwei anonyme Ankläger genügten, um einen Verdächtigen, dem kein Anwalt mehr zur Seite stehen durfte, als Ketzer zu überführen. Blieb er unbußfertig, etwa weil er sich keiner Schuld bewußt war, wurde an ihm die Feuerstrafe vollzogen, sonst konnte er mit dem Leben davonkommen: Büßend mit Wallfahrten, Geißelung und gekennzeichnet mit gelben Kreuzen und verfemt bis ins zweite Geschlecht[61].

Trotz der Verurteilung der Folter durch Papst *Nikolaus I.* als Verletzung menschlichen und göttlichen Rechts, ermunterte Papst *Innozenz IV.* die Inquisitoren durch die Bulle *Ad extirpanda* vom 15.5.1252, die Folter anwenden zu lassen: «Nr. XXV: Ferner sollen Amts-

Unser Geheiß mit dem Tod auf dem Scheiterhaufen zu bestrafen, damit er durch die rächenden Flammen zugrundegeht; wenn sie sich aber dafür entschieden haben, ihn für ein elendes Leben zu erhalten, damit er anderen ein abschreckendes Beispiel sei, sollen sie ihm das Zungenbein herausschneiden, mit dem er ohne Scheu sich gegen den Glauben der Kirche ereiferte und den Namen des Herrn schmähte» (Übersetzung: *J. Wippern*).

61 Aus den Statuten Gregors IX. gegen die Ketzer (vom Februar 1231) sowie aus seinen Schreiben an den Erzbischof von Trier (Juni 1231) und an den Prior des Dominikanerkonvents Regensburg (vom 12. November 1231) u. a. (Texte zur Inquisition, in: Texte zur Kirchen- und Theologiegeschichte Heft 4. 1967, 41–49).

träger und Vorsteher alle Häretiker, die sie gefangenhalten, ohne Verlust der Glieder und Gefährdung ihres Lebens dazu zwingen, gleichsam als Räuber und Mörder von Seelen und Diebe der Sakramente Gottes und des christlichen Glaubens ihre Irrtümer ausdrücklich zu bekennen und andere ihnen bekannte Häretiker, deren Besitz, ihre Anhänger, diejenigen, die ihnen Unterschlupf bieten und für sie eintreten, anzuzeigen, so wie Diebe und Räuber irdischer Güter genötigt werden, ihre Komplizen zu benennen und die begangenen Missetaten zuzugeben»[62].

Auch dies ist eine Äußerung des päpstlichen «Hirtenamtes» zum Schutz der *regula fidei* als Konsequenz ihrer juristischen Deutung! Angesichts solcher Folgerungen muß sich die Kirche und die Dogmatik fragen lassen, ob ein solchermaßen «verfremdetes» Verständnis der «Lehre» ihres Herrn, der gekommen ist zu heilen und zu retten, nicht aber zu richten, nicht grundlegend neu bedacht werden muß. Zwar fehlen der Kirche heute weithin die politischen Machtmöglichkeiten, Zwang auszuüben, doch an der grundsätzlichen Fehleinstellung, daß das Glaubensbekenntnis gegen Irrgläubige ebenso angewandt werden kann wie ein Strafgesetzbuch gegen Straftäter, hat sich wenig geändert. Wir werden wieder lernen müssen, hier einen wesentlichen Unterschied zu erkennen; das aber setzt voraus, daß wir im Glauben begreifen, was es mit der Botschaft des Evangeliums und dem Glauben der Kirche auf sich hat!

62 Innocentii Papae IV epistola VIII anno 1252 (*Mansi* 23, 573 [Nr. XXV]).

## *4. Verbesserungen genügen nicht!*

Dieser grundsätzlichen Problematik werden bloße verfahrensrechtliche Überlegungen nicht gerecht! Bereits im 16. Jahrhundert suchte man die übelsten Mängel abzustellen: Unter Papst Paul III. wurde 1542 die «Heilige Kongregation der Inquisition» eingerichtet – mit dem Ziel, die Verhältnisse zu «verbessern». Tatsächlich änderte sich wenig und wurde die Kette unwürdiger Prozesse festgesetzt. Die Methoden blieben auch über die Namensänderung von 1908 (in «S. Officium») und 1965 (in «S. Congregatio pro doctrina fidei») bis auf den heutigen Tag im wesentlichen dieselben: Anonyme Denunziation, Geheimhaltung des Verfahrens, Verweigerung der Akteneinsicht ebenso wie des vollen anwaltlichen Rechtsschutzes, vor allem aber Verweigerung des «rechtlichen Gehörs» und Ausschluß jeder echten Berufungsmöglichkeit an eine andere Instanz. Nur die physische Folter mußte inzwischen abgeschafft werden; die psychische ist jedoch aufgrund verfahrensrechtlicher Unsicherheit, Unkenntnis der genauen Klagegründe und der Aktenlage, der willkürlich langen Dauer der Prozeßintervalle und schließlich der Ungewißheit, ob ein Verfahren je einmal lief oder noch läuft, nicht nur geblieben, sie ist vielleicht sogar noch verfeinert worden. Neben den – wenigen – bekannten Fällen, in denen solche Verfahren in der Öffentlichkeit Staub aufwirbeln, weil rechtsstaatliche Sicherungen einen unmittelbaren Eingriff der kirchlichen Instanzen nicht zuließen, stehen zahlreiche andere Fälle, in denen die Kirche, ohne rechtsstaatliche «Behinderungen» hinnehmen zu müssen, direkt eingreifen konnte. Von ihnen redet kaum jemand, und doch sind sie ein Ärgernis und machen die Kirche unglaubwürdig, wenn sie für Gerechtigkeit und Menschlichkeit im weltlichen Bereich eintritt.

## B. Zur Verfahrensordnung der Kongregation für die Glaubenslehre[63]

Leider ist die Frage, wie das kirchlich-pastorale Lehramt seine bewahrende und pflegende Aufgabe gegenüber der Theologie wahrnehmen kann, ohne deren eigenen Auftrag und die dazu notwendige Freiheit zu stark zu beschneiden, theoretisch noch viel zu wenig bedacht[64]; sie hat vor allem so gut wie keinen Niederschlag in der Einstellung der Glaubenskongregation zur Arbeit der Theologen gefunden. Es fehlt bis heute eine theologisch begründete wissenschaftstheoretische Reflexion über das dialektische Zuordnungsverhältnis des pastoralen Lehramtes zum theologischen Lehramt. Dieser Mangel zeigt sich in der Verfahrensordnung der Glaubenskongregation, die nachfolgend besprochen werden soll.

63 Dieser Darstellung liegen folgende Vorarbeiten des Verfassers zugrunde: Zur Problematik lehramtlicher Beanstandungsverfahren, in: ThQ 149 (1969) 259–281; Das neue Regolamento der Glaubenskongregation, in: Orientierung 35 (1971) 40–42; Der Leidensweg des Rechtes. Zur Verfahrensweise der Glaubenskongregation, in: Orientierung 38 (1974) 155–158.

64 Die wichtigsten Überlegungen von *K. Rahner* (Die Freiheit der theologischen Forschung, in: StdZ 94 [1969] 73–82) sind kaum weiter verfolgt worden. – Die Erwägungen von *E. Corecco* und *W. Aymans* (Kirchliches Lehramt und Theologie. Erwägungen zur Neuordnung des Lehrprüfungsverfahrens bei der Kongregation für die Glaubenslehre, in: Internationale Katholische Zeitschrift Communio 2 [1974] 150–170) werden der aus den heutigen Fragestellungen sich ergebenden Aufgaben und Verantwortung der Theologie wohl nur teilweise gerecht. – *K. Lehmann* (Zum Verhältnis zwischen kirchlichem Lehramt und Theologie, in: Begegnung, Festschrift für H. Fries, 1972, 415–430) behandelt weniger die theoretischen Voraussetzungen als vielmehr die Möglichkeiten einer sachgemäßen Zusammenarbeit beider zum Wohl des kirchlichen Lebens: «Manche Entscheidungen des kirchlichen Amtes würden in der ... Öffentlichkeit besser aufgenommen und auf weniger Widerstand stoßen, wenn die theologische Meinungsbildung in den Beratungsvorgängen auf einer breiteren wissenschaftlichen Basis erarbeitet worden wäre» (425).

## *1. Attentat auf die Wahrheit?*

Während des zweiten Sitzungsabschnittes des Zweiten Vatikanischen Konzils wurde bei der Diskussion des Entwurfs «über das Hirtenamt der Bischöfe» von Joseph Kardinal *Frings* die Verfahrensweise des Hl. Offiziums, wie die oberste Glaubensbehörde damals hieß, angesprochen. Er rügte vor allem, daß bei der Verurteilung theologischer Schriften weder der Autor noch dessen Bischof gehört und daß *zu wenig unterschieden* werde zwischen einem Vorgehen auf dem *Verwaltungsweg* und einem solchen auf dem *Gerichtsweg*[65]. Die in diesen Forderungen liegende Kritik an der Arbeitsweise des Hl. Offiziums, die große Aufmerksamkeit erregt hatte, wies der Leiter dieser Kongregation «mit hoher Stimme zurück, blieb aber eine sachlich begründete Widerlegung schuldig»[66].

Daß die höchste Glaubensbehörde an geordnete Verfahrensgrundsätze gebunden werden sollte, schien dem obersten Glaubenswächter wie ein Sakrileg, ein Attentat auf Gottes ewige Wahrheit selber. Dabei hatte Papst Paul VI. bereits am 21.9.1963 in einer viel beachteten Ansprache an die Mitglieder der Römischen Kurie seine Absicht angekündigt, die Kurie zu reformieren[67]. Während der vierten Sitzungsperiode des Konzils machte der

65 Intervention am 8. 11. 1963 abgedruckt in: Kongregation für die Glaubenslehre: Neue Verfahrensordnung zur Prüfung von Lehrfragen – Deutsche Bischofskonferenz: Lehrbeanstandungsverfahren. Eingeleitet und kommentiert von *H. Heinemann*, 1974, 2 (Nachkonziliare Dokumente Bd. 37).

66 *K. Mörsdorf*, in: LThK – Zweites Vatikanisches Konzil II, 133; vgl. *J. Neumann*, Chronik der zweiten Sitzungsperiode, in: AfkKR 132 (1963) 594.

67 AAS 55 (1963) 793–800; Übersetzung: HerdKor 18 (1963/64) 69–72.

Papst in einer Ansprache am 18.11.1965 deutlich, daß er stufenweise eine Reform der Römischen Kurie durchführen wolle[68]. Nur wenig später, am 7. Dezember 1965, wurde durch päpstlichen Motu proprio «Integrae servandae» das Hl. Offizium in «Kongregation für die Glaubenslehre» umbenannt und neugeordnet. Dabei wurde ausdrücklich festgelegt, daß das interne Reglement der Kongregation, das gesondert zu erlassen ist, veröffentlicht werden muß (n. 12)[69]. Dann aber blieb es still. Auch als am 15. August 1967 durch die Apostolische Konstitution «Regimini Ecclesiae» die Kurialbehörden insgesamt neugeordnet wurden und eine neue Geschäftsordnung erhielten, wurde wiederum bestimmt, daß die Normen für die innere Ordnung dieser Kongregation in einer besonderen Instruktion zu regeln und zu veröffentlichen seien (n. 40)[70].

68 AAS 57 (1965) 978–984; Übersetzung: HerdKor 20 (1966) 51–52.

69 Zuerst bekanntgemacht in: OssRom vom 6./7. 12. 1965 (datiert vom 7. 12.); AAS 57 (1965) 952–955; Übersetzung: ÖAfKR 17 (1966) 204–206; Kurzfassung: HerdKor 20 (1966) 14–15. In Nr. 5 wird dabei ausdrücklich bestimmt: «Die ihr übersandten Bücher untersucht sie sorgfältig und verurteilt sie, wenn es notwendig scheint. Der Autor ist jedoch *vorher* zu hören und es muß ihm die Möglichkeit gegeben werden, sich – gegebenenfalls auch schriftlich – zu verteidigen. Überdies ist *vorher* der Ordinarius in Kenntnis zu setzen, wie dies ja schon in der Konstitution «Sollicita ac provida» Benedikt XIV. (vom 9. 7. 1753) vorgesehen ist.» (Hervorhebung im Text und Datum in der Klammer vom Verfasser).

70 Zuerst bekanntgemacht in: OssRom v. 19. 8. 1967; AAS 59 (1967) 885–928; Kurzfassung in: HerdKor 21 (1967) 460–463. – Kurienreform, kommentiert und eingeleitet von *H. Schmitz*, 1968 (Nachkonziliare Dokumente Bd. 10).

Weil die Glaubenskongregation dem Auftrag des obersten päpstlichen Gesetzgebers nicht nachkam, baten im Dezember 1969 «in voller Loyalität und eindeutiger Treue zur katholischen Kirche» mehr als 1300 Theologen aus aller Welt, daß «die durch das II. Vatikanische Konzil wiedergewonnene Freiheit der Theologen und der Theologie zum Dienst an der Kirche» nicht erneut gefährdet werden dürfe, sondern durch klare Rechtsnormen gesichert werden möge; denn «diese Freiheit ist eine Frucht und Forderung der befreienden Botschaft Jesu selbst».

Die Theologen forderten insbesondere: Die Konsultoren der Glaubenskongregation sollten nur wirklich *wissenschaftlich* ausgewiesene Fachleute sein; die Glaubenskongregation solle mit der Internationalen Theologenkommission aufs engste zusammenarbeiten; wenn die Glaubenskongregation «in außerordentlichen und gewichtigen Einzelfällen genötigt zu sein meint, einen Theologen ... zu beanstanden, so hat dies in jedem Fall ... in einem geordneten Verfahren zu geschehen». Die Theologen wünschten deshalb auch einen amtlichen Verteidiger (relator pro auctore) für den beanstandeten Theologen und die Offenlegung aller im Verfahren belangvollen «Gutachten, Dekrete, Relationes und wichtigen Aktenstücke». Sollten «die beanstandeten Lehren dem wirklich verpflichtenden Bekenntnis der Kirche eindeutig widersprechen und weite Kreise im Glauben gefährden, so soll die Kongregation diese Lehren in einer begründeten Stellungnahme öffentlich widerlegen»[71].

71 Veröffentlicht in: Concilium 5 (1969) Beilage zu Heft I. – Fast gleich-

Doch erst zwei Jahre später wurde endlich am 4. Februar 1971 die am 8. Januar vom Papst approbierte und mit Datum vom 15. Januar 1971 ausgefertigte «Neue Verfahrensordnung zur Prüfung von Lehrfragen» veröffentlicht[72]. Obwohl sich die Kongregation fünf Jahre für die Ausarbeitung dieser Ordnung Zeit gelassen hatte und obwohl die neuen Normen auf den ersten Blick sogar manche Forderungen der Theologen von 1969 zu berücksichtigen schienen, entspricht sie doch weder unter theologischen noch unter juristisch-rechtsstaatlichen Gesichtspunkten den heutigen Erfordernissen. Wenn der offiziöse Kommentar im «Osservatore Romano» davon spricht[73], daß bei diesem Verfahren sowohl dem Wohl der kirchlichen Gemeinschaft als auch dem Recht der menschlichen Person in der Kirche Rechnung getragen werden soll, so ist das eine grundsätzlich begrüßenswerte Absichtserklärung, die jedoch in der «nova ratio agendi» leider keinen Niederschlag gefunden hat. Jedenfalls gab die Verfahrensordnung grünes Licht, die bis dahin ruhenden Verfahren in Lehrfragen weiterzuführen und neue zu beginnen.

zeitig war ein ganzes Heft der Theologischen Quartalschrift (III/1969) der Theologie als kirchlicher Wissenschaft gewidmet. Darin: *J. Neumann*, Zur Problematik lehramtlicher Beanstandungsverfahren (259–281) mit ersten konkreten Vorschlägen für ein gerechtes und sachgemäßes Verfahren.

72 Nova agendi ratio in doctrinarum examine, in: OssRom v. 5. 2. 1971; AAS 63 (1971) 234–236; Übersetzung: ÖAfKR 22 (1971) 248–250. – Nachkonziliare Dokumente Bd. 37. Eingeleitet und kommentiert von *H. Heinemann*, Text: 46–55.

73 OssRom v. 5. 2. 1971, S. 1.

### *3. Das juristische Mißverständnis*

Die Verfahren um Glaubensfragen – oder was die Vorgänger dieser Kongregation meinten darunter rechnen zu müssen, wie etwa Ketzer- und Hexenprozesse – waren seit je von mehrschichtigen juristischen Mißverständnissen bestimmt. Dabei ist es bis heute im Grundsatz geblieben. Auch die der neuen Verfahrensordnung zugrunde liegende «Theologie» geht nämlich davon aus, daß die «Glaubenswahrheit» durch eine klare Regel (regula fidei) nach Art eines Gesetzes exakt und vollständig zu bestimmen sei: Wer von der Formulierung eines Glaubenssatzes abweicht, etwa wenn er neue Begriffe einführt, um den gemeinten Inhalt besser ausdrücken zu können, läuft Gefahr, diese Regel zu verletzen. Weil aber der von Jesus geoffenbarte Glaube an den lebendigen Gott, den «Gott Isaaks, Jakobs und Abrahams», der ein Gott der Geschichte ist, sich notwendig in der Geschichte vollzieht, ist es erforderlich, daß dieser Glaube der Väter, eben damit er der «alte» bleibt, Antwort auf die je neuen Fragen einer jeden Zeit zu geben vermag. Unser geistiges Weltbild ist nun aber nicht zuletzt von Kant, Hegel und Freud, Marx und Heidegger geprägt, so sehr auch diese Denker ihrerseits von Aristoteles, Thomas oder dem Nominalismus beeinflußt sein mögen und so wenig uns im Einzelfall diese «Vorprägung» bewußt sein mag. Ebensosehr wird aber auch unsere innere und äußere Einstellung zu diesem unserem Väterglauben bestimmt von den politischen, sozialen und technisch-naturwissenschaftlichen Revolutionen der letzten beiden Jahrhunderte und den ihnen folgenden Enttäuschungen. Von hier erhalten die Theologen jeweils ihre Fragestellungen. Sie brauchen sie also nicht zu «erfinden!» Die wohlfeile Verbreitung des Buches und vor allem die Massenmedien verlangen überdies eine viel tiefere personale wie intellektuelle Gründung des Glaubens eines jeden einzelnen Christen, als es früher notwendig war.

Das hat zur Folge, daß einmal fixierte Glaubenssätze die ganze Fülle und Aktualität des christlichen Glaubens nicht mehr voll auszusagen vermögen. Aufgabe des Theologen ist es darum, die überkommene «Lehre» zum verantworteten «Bekenntnis» werden zu lassen, welches allein in der Lage ist, das Leben des Menschen christlich zu formen. Dabei kann der Theologe weder vom Beliebigen ausgehen noch Beliebiges «lehren», vielmehr muß er ausgehen von der in der Kirche lebendig *geglaubten* Botschaft Jesu und eben nicht bloß von abstrakten Sätzen. Diese waren seit altersher einerseits liturgische Merkformen und andererseits Grenzpfähle, also Krükken, niemals jedoch galten sie als *die* Wahrheit selber; denn Wahrheit ist notwendig zugleich immer lebendig und konkret. Der Glaube muß deshalb nicht nur in jedem einzelnen Christen, sondern auch in der Kirche einer jeden Zeit als Prozeß – im doppelten Sinn des Wortes – des eigenen Lebens erfahren werden! Auch das darf jedoch wiederum weder individualistisch noch rein evolutionistisch mißdeutet werden. Deshalb kann es zwar eine abstrakte «regula fidei» geben, doch darf das kirchliche Amt sie nicht als alleinigen Maßstab (Kanon) im juristischen Sinn mißdeuten, als ob an ihr Wahrheit oder Irrtum einer Aussage einfach abgelesen werden könnte; denn das Wesentliche unseres christlichen Glaubens ist die An- und Zusage des in Jesus angekommenen

Heils. Jede Glaubensaussage des pastoralen Lehramtes wie der kirchlichen Theologie muß dazu dienen, diese Glaubenswirklichkeit den Menschen einer jeden Zeit existentiell «wichtig» und damit «glaubbar» zu machen! Die «regula fidei» will die Substanz des Glaubens schützen, vermag sie aber nicht in unveränderbaren Formeln gleichsam «zu konservieren». Das ist das Erregende am christlichen Glauben, daß er sein Wesen in der Veränderung zu bewahren vermag, gerade *weil* es grundlegende, bleibende und irreversible Glaubenserkenntnisse gibt! Die Fragen, die heute aus der Sicht des Glaubens zu beantworten sind, müssen notwendig andere sein als früher, da es noch keinen Strukturalismus, kein Amalgam marxistischer Heilserwartung in Gestalt eines «Prinzips Hoffnung» gab! Seit die Quantentheorie tiefgreifende Umwandlungen in Biologie, Chemie und Physik bewirkt hat, die biologische Kybernetik und die Erkenntnisse der Verhaltensforschung wie der Tiefenpsychologie auch unser geistiges Weltbild und unsere tatsächlichen Lebensverhältnisse grundlegend verändert haben, sind auch unsere geistlichen Probleme andere geworden! Wo diese Faktoren der Lebens- und Verstehenswelt des Menschen nicht berücksichtigt werden, bleibt eine leere «Glaubenshülse», eine Karikatur des Glaubens, eben die Häresie!

Die große kirchliche Theologie dagegen ist – in Gestalten wie die eines Paulus, Origenes, Augustin, Petrus Lombardus, Thomas von Aquin und Teilhard de Chardin – ja gerade dadurch bestimmt gewesen, daß sie den Mut hatte, sich den Fragen *ihrer Zeit* zu stellen und Antwort aus dem Glauben zu suchen! Das Lehramt hat daran positiv und nicht nur bremsend mitzuwirken! Wenn allerdings ein Theologe in der Leidenschaft seines Erkenntnisdrängens einen Gedanken absolut zu setzen droht, hat das Lehramt das rechte Verhältnis wiederherzustellen, nicht aber den Geist auszulöschen! Geist und Glaube sind ihrer Natur nach wie Feuer: Immer auch gefährlich! Man kann darum nicht einfach den Bereich theologischen Arbeitens trennen in einen umfriedeten und einen noch «freien» Bereich theologischen Forschens[74].

Eine primär juristische Betrachtung der «regula fidei» läßt außerdem zu leicht vergessen, daß die Theologie eben dadurch, daß sie die Fragen ihrer Zeit aufnimmt und den Menschen in seiner konkreten Glaubensnot zu hören bemüht ist, immer auch *kritische* Instanz ihrem eigenen Grund gegenüber sein muß. Von daher hat die Theologie, obwohl sie ohne die Kirche als ihrer geistlichen Sinn- und soziologischen Trägerinstitution gar nicht bestehen kann, da sie von ihr Auftrag, Gegenstand und Zielsetzung empfängt, doch die jeweiligen *Daseinsformen* eben dieser Institution in ihren lehrmäßigen, disziplinären und kultischen Weisen, «in Frage zu stellen», also auf ihre Vereinbarkeit mit ihrem ursprünglichen und wesentlichen Auftrag hin zu prüfen. Insofern die Kirche nämlich eine «Großorganisation» ist, steht sie immer in Gefahr, den assimilierten «religiösen» Impulsen und der Versuchung zur Macht zu verfallen.

Zwar ist auch der einzelne Theologe versuchbar, nicht aber *die* Theologie, da sie keine institutionalisierte Größe darstellt und infolgedessen auch nicht eine Machtpo-

74 Wie es in «Mysterium Ecclesiae» (a.a.O.) und beispielsweise im Interview des Sekretärs der Glaubenskongregation, Erzbischof *J. Hamer* (HerdKor 28 [1974] 238–246) wiederholt anklingt.

sition beinhaltet. Wohl gibt es theologische Schulen (wie die von Alexandria, Antiochien, Paris oder Tübingen), doch solange sie nicht als Hoftheologie (wie gewisse Formen der römischen Theologie) fungieren, eignet ihnen kaum politisch wirksame Kraft. Sicher kann ein einzelner Theologe vom Ehrgeiz beflügelt werden, aber die Wachsamkeit der Kollegen wird ihm rasch enge Grenzen setzen. So vermag die Theologie nur insgesamt, gestützt auf die opinio communis, als die allgemein wissenschaftlich begründete Überzeugung sehr vieler, eine Instanz der gläubigen Vernunft zu sein.

Die Tatsache, daß in der Geschichte nicht wenige Theologen bekannt sind, die Häresien verbreitet haben und für die Kirche insgesamt gefährlich geworden sind, widerspricht dem keineswegs: Wichtig war dabei stets, daß eine bestimmte theologische Idee die entsprechenden gesellschaftlichen, kulturellen und politischen Faktoren in ihrem Lebenskreis vorfand, damit theologische Überlegungen bzw. häretische Meinungen eine breite machtvolle Wirksamkeit entfalten konnten. In einem solchen Fall aber hat der einzelne Theologe seine Kompetenz und die Theologie insgesamt ihre Vollmacht überschritten, bzw. haben sich andere ihrer bemächtigt.

Eine weitere Form des juristischen Mißverständnisses hängt mit folgender Auffassung zusammen: Sie geht davon aus, daß man dem Irrenden gegenüber barmherzig, dem Irrtum gegenüber aber schonungslos vorgehen müsse. Da man in der Praxis jedoch davon ausging, daß der Urheber des Irrtums immer auch moralisch «schuldhaft» handle, glaubte man kirchlicherseits auch gegen ihn schonungslos vorgehen zu sollen. Mehr als einmal bemühten sich, wie gezeigt, die kirchlichen Autoritäten, die

Irrenden samt ihrem Irrtum mit Feuer und Schwert auszurotten. Dabei setzte man voraus, daß die Evidenz der Wahrheit jedem Gutwilligen erkennbar sei; deshalb galt jener, der im Irrtum verharrte, eben als böswillig, als Sünder. Damit aber war seine Verfehlung offenkundig, und der Machtspruch der kirchlichen Autorität bedurfte keines langwierigen Prozesses, denn der Sünder hatte seine Rechte verwirkt, ja er hatte sich durch seine Tat des Unglaubens aus der Gemeinschaft der Gerechten und ihres Rechtes ausgeschlossen.

Darum scheint es auch der Nachfolgeorganisation der Inquisition, der Glaubenskongregation, bis heute nur schwer verständlich zu sein, wieso eine irrige Lehre und derjenige, dem man unterstellt, sie zu vertreten, ein Anrecht auf ein gerechtes, sach- und problemorientiertes Verfahren haben sollte. So hatte noch auf dem letzten Konzil Kardinal Ottaviani, der Sekretär des Hl. Offiziums, nachdrücklich betont, der Irrtum könne keine Rechte haben. Der des Irrtums Verdächtigte kann sich jedoch – nach dieser Auffassung – schnell von dem ihn belastenden Verdacht dadurch befreien, daß er sich vorbehaltlos «unterwirft». Die Frage, ob nicht auch eine neue Formulierung wahr und evangeliumsgemäß, ja «katholisch» sein könnte, wird ebensowenig gestellt wie die andere, ob die bisherigen Antworten überhaupt die *heutigen* Fragen beantworten können und wollen.

Auch diese «Neue Verfahrensordnung» geht davon aus, daß die Evidenz der Wahrheit eindeutig und deshalb die Feststellung des Irrtums in einem einfachen und einschichtigen Verwaltungsverfahren sicher möglich sei. Dafür sind zwei Verfahrensarten vorgesehen, ein sogenanntes «außerordentliches» und ein «ordentliches»

Verfahren. – Beide Verfahrensweisen sind dadurch gekennzeichnet, daß Ermittlungen, Vorentscheidung und Endentscheidung nicht nur von ein und derselben Behörde, sondern weithin auch von denselben Personen vorgenommen werden.

### *4. Das «außerordentliche» Verfahren*

In besonders krasser Weise tritt das im sogenannten «außerordentlichen» Verfahren zutage: Wenn der sogenannte «Kongreß», also die Versammlung der höheren Beamten der Glaubenskongregation[75], der Meinung ist, eine bestimmte Lehrmeinung enthalte «klar und sicher» einen Glaubensirrtum, und es drohe aus der Verbreitung dieses Irrtums unmittelbarer Schaden für die Gläubigen, dann kann der zuständige Bischof (Ordinarius) sofort aufgefordert werden, den Autor *zur Berichtigung des Irrtums* zu veranlassen (n. 1). Gutachten, Erklärungen und Stellungnahme des Autors erscheinen der Glaubenskongregation hier überflüssig. Die Verfahrensvorschrift liest sich, als ginge es darum, eine auf eindeuti-

75 Das Regolamento der Römischen Kurie vom 22. 2. 1968 (veröffentlicht in: AAS 60 [1968] 129–176) kennt für die Arbeit der Kongregationen die «*Vollversammlung*» der kardinalizischen und bischöflichen Mitglieder, die einmal jährlich zu einer von der Kongregation festzulegenden Zeit stattfindet, und die «*ordentlichen Versammlungen*» der kardinalizischen Mitglieder. An ihnen können die bischöflichen Mitglieder teilnehmen, sofern sie gerade in Rom anwesend sind (Art. 110). – Der «*Kongreß*» besteht außer dem leitenden Kardinal aus dem höheren Prälaten, dem Untersekretär (oder den Untersekretären), den Leitern der verschiedenen Ämter (bzw. Abteilungen) und den Referenten (aiutanti di studio) der betreffenden Abteilung(en) (Art. 123). – Schließlich besteht in jeder Behörde ein *Rat* (la consulta) der gutachtlich zu wichtigen, ihm vom höheren Prälaten auf Anordnung des Leitenden Kardinals vorgelegten Fragen Stellung nimmt (Art. 126).

ger Rechtsgrundlage ruhende Schuldforderung einzuziehen. Die geoffenbarte Botschaft als *Grundlage* des christlichen Glaubens wird wie eine auf dem Verwaltungsweg durchzusetzende Forderung behandelt; die Totalität der guten Botschaft Jesu wird zur aktenmäßig erfaßbaren und verwaltbaren Angelegenheit.

Dabei muß erwähnt werden, daß die «Neue Verfahrensordnung» auch gesetzestechnisch mangelhaft gearbeitet ist: Beispielsweise wird an dieser Stelle für das weitere Verfahren auf eine Norm für das ordentliche Verfahren verwiesen (n. 16), die deshalb gegenstandslos bleiben muß, weil der Ortsoberhirte praktisch nur Vollzugsmeldung zu erstatten oder aber die Hartnäckigkeit des Autors zu berichten hat; vor allem ist nichts darüber gesagt, was geschehen soll, wenn der Autor – und möglicherweise auch der Bischof – in Abrede stellen, daß es sich bei der inkriminierten Äußerung überhaupt um einen Glaubensirrtum handle oder aber die Authentizität des der Glaubenskongregation zugrundeliegenden Textes bestreiten. Auf jeden Fall wird nun erst, nachdem also die wie immer geartete Antwort des Ordinarius eingegangen ist, die Angelegenheit der sogenannten «ordentlichen Versammlung», also den Kardinälen (und Bischöfen) unter den Mitgliedern der Kongregation, vorgelegt. Das sogenannte «außerordentliche» Verfahren liegt also mit Ausnahme der Endentscheidung allein in den Händen kurialer Beamter, die weder theologische Gutachter noch einen relator pro auctore zu konsultieren brauchen. Wir finden hier das Modell einer bürokratischen Verwaltung der Wahrheit, das dem petrinischen Lehramt, das auf Jesu Verheißung gründet, sachlich nicht angemessen ist.

Im Regelfall bleibt eigentlich alles beim alten, nämlich bei einem summarischen, geheimen und undurchschaubaren Kurzverfahren ohne Verteidigungsmöglichkeit für den Beschuldigten; denn das sogenannte «außerordentliche» Verfahren dürfte entsprechend dem römischen Verständnis von der Satzhaftigkeit der kirchlichen Lehre und der Aufgabe der Theologen das normale Verfahren sein, da das *ordentliche* Verfahren nur in Zweifelsfällen anzuwenden ist, wenn überdies keine *unmittelbare* Gefährdung von dieser Meinung auszugehen *scheint*.

Die Forderung der Konstitution «Regimini Ecclesiae» (n. 33), daß in einem solchen Lehrbeanstandungsverfahren «zuvor dem Autor die Möglichkeit zu geben ist, sich – auch schriftlich – zu verteidigen», ist nicht berücksichtigt. Diese Konstitution, die in n. 40 die Kongregation ausdrücklich beauftragt, «die Regeln, welche die innere Ordnung ... betreffen», zu veröffentlichen, ist höherrangiges, nämlich unmittelbar päpstliches Recht. Die Neue Verfahrensordnung zur Prüfung von Lehrfragen der Kongregation dagegen bleibt trotz ihrer Bestätigung und Approbation durch den Papst eine Anordnung der Kongregation. Wenn eine Behörde aufgrund einer gesetzlichen Ermächtigung Normen aufstellt, die insgesamt oder in einem Punkt gegen eben dieses ermächtigende Gesetz verstoßen, so sind sie in insofern rechtsfehlerhaft. Das gilt eindeutig für die Bestimmung des außerordentlichen Verfahrens, sofern sie nicht *vor* einer Entscheidung der Behörde dem Betroffenen und seinem Bischof die Möglichkeit des *rechtlichen Gehörs* gibt. Die bloße und ultimative Aufforderung an den Bischof, den Autor zur Berichtigung des Irrtums zu veranlassen, erfüllt diese Forderung des Gesetzes über die Römische Kurie keineswegs. Verfahren also, die «more extraordinario» durchgeführt werden, sind deshalb aufgrund dieses schwerwiegenden Verstoßes gegen die Grundordnung der Römischen Kurie *rechtsfehlerhaft*. Dieser Rechtsfehler wird auch nicht durch die allgemeine Approbation des Papstes geheilt, die das jeweilige Verfahren gemäß n. 18 dieser Ordnung abschließt, es sei denn, der Papst würde im konkreten Fall von dieser Rechtsverletzung ausdrücklich dispensieren. Als oberster Herr des kirchlichen Rechts könnte er das durchaus. Die bloß formale Approbation jedoch vermag einen wesentlichen Rechtsfehler nicht zu heilen, sollen gesetzliche Normen päpstlichen Rechts in der Kirche überhaupt noch einen Wert haben.

Das System des geltenden kirchlichen, päpstlichen Rechts verlangt somit bereits die Beachtung des Grundsatzes «auf rechtliches Gehör» auch – und gerade – für Verfahren vor der Glaubenskongregation. Dagegen kann nicht der Einwand geltend gemacht werden, daß selbst nach der strengen Auffassung der deutschen Verwaltungsgerichte bei «Gefahr im Verzug» dieses Recht hinter den Erfordernissen einer wirksamen Verwaltung zurücktreten müsse. Zwar ist das außerordentliche Verfahren für den Fall vorgesehen, da einmal «klar und sicher ein Glaubensirrtum» vorliegt und «zugleich aus der Verbreitung dieses Irrtums unmittelbarer Schaden für die Gläubigen droht oder schon entstanden ist» (n. 1), doch sind die Folgen dieses Verfahrens keineswegs mit denen eines unmittelbaren Verwaltungszwanges oder einer (verwaltungs)-gerichtlichen einstweiligen Verfügung vergleichbar. Gegen den unmittelbaren Verwaltungszwang gibt es ja die Möglichkeit des gerichtlichen Schutzes und der richterlichen Überprüfung der Rechtmäßigkeit und der Angemessenheit. Bei Erlaß einer einstweiligen Verfügung, die im dringenden Fall auch einmal ohne mündliche Verhandlung durch Beschluß erfolgen kann, wird der Streitfall stets durch ein Verfahren vor einem ordentlichen Gericht ausgetragen.

Die kanonistische Tradition kennt den Grundsatz von der Notwendigkeit des «rechtlichen Gehörs» in der Formel «audiatur et altera pars» (auch der andere Teil ist zu hören) als ein wesentliches Erfordernis für ein rechtmäßiges Verfahren. Da überdies das «rechtliche Gehör» heute allgemein als entscheidende Grundvoraussetzung für alle förmlichen Verwaltungs- und Prozeßverfahren anerkannt ist[76], muß davon ausgegangen werden, daß dieses Prinzip ein unverzichtbares Element auch eines jeden kirchlichen Verfahrens zu sein hat. Wenn Papst *Paul VI.* nämlich sagt, «daß die Kirche sich selber verletzt» fühle, so oft «die Menschenrechte – wie und wo auch immer – mißachtet oder übertreten werden»[77], dann gilt das zweifellos auch für die kirchlichen Verfahren; auch besonders dringliche Umstände können davon nicht generell dispensieren!

76 Zum Beispiel: Art. 103 Abs. I Grundgesetz der Bundesrepublik Deutschland; Art. 6 Abs. I S. 1 der Europäischen Menschenrechtskonvention.

77 Vgl.: AAS 65 (1973) 674.

## 5. *Das ordentliche Verfahren*

Für das sogenannte ordentliche Verfahren sieht die Verfahrensordnung der Kongregation für die Glaubenslehre vor, daß der «Kongreß» der Kongregation feststellt, ob im konkreten Fall ein solches Verfahren zu eröffnen sei. Den versammelten Beamten obliegt es auch, Gutachter und den «relator pro auctore» zu bestimmen wie auch zu entscheiden, ob der zuständige Ordinarius jetzt schon verständigt werden soll (n. 2). Die Verfahrensordnung stellt es nämlich dem Kongreß anheim zu entscheiden, «ob es günstig ist, den Ordinarius ... sofort oder erst nach Abschluß der Untersuchungen zu unterrichten.»

Die Konstitution «Regimini Ecclesiae» bestimmt – wie wir bereits gesehen haben – in n. 33, daß der Bischof *zuvor* benachrichtigt werden soll. Doch läßt der Wortlaut es offen, *wann* diese Benachrichtigung geschehen muß; sicher vor dem Endentscheid. Die «mens legislatoris», die Motivation des Gesetzgebers also, so wie sie sich in den Voten der Konzilsväter ausdrückte, war freilich, daß der zuständige Bischof von der *Einleitung* eines solchen Verfahrens *unverzüglich* unterrichtet werde[78]. Aufgrund der hier gebrauchten Formulierung ist es nach der «derzeitigen Rechtslage durchaus möglich, daß der Ordinarius des Autors, gegen den sich das Verfahren

78 So Kardinal *J. Frings* in seiner Intervention: «... aber auch vor diesem Dikasterium soll niemand angeklagt und bezüglich seines rechten Glaubens verurteilt oder gerichtet werden, wenn nicht er und sein Ordinarius vorher (prius) gehört worden sind und er nicht vorher die Argumente kennt die gegen ihn oder seine Schrift vorgebracht werden.» (Übersetzt nach dem Zitat bei: *H. Heinemann*, a.a.O. 2 Anm. 1).

richtet, von diesem Vorgang (nämlich der Einleitung eines Verfahrens) keine Kenntnis besitzt»[79].

Die beiden Gutachter, die der Kongreß frei bestellt, haben zu prüfen, ob die in Rede stehende authentische Äußerung mit der «göttlichen Offenbarung und dem kirchlichen Lehramt übereinstimmt.» Darüber hinaus sollen sie Vorschläge auch über das weitere Verfahren machen (n.3); das ist ein vielleicht gutgemeinter, auf jeden Fall aber reichlich unbestimmter Auftrag.

Außerdem bestellt der Kongreß den sogenannten «relator pro auctore», den Berichterstatter für den Autor. Auf seine Ernennung hat der Autor, dessen Äußerungen geprüft werden sollen, keinen Einfluß. Angesichts der Differenziertheit der heutigen – auch der durchaus «orthodoxen» – Theologien, ist es darum durchaus möglich, daß dieser «relator» die Gedankengänge seines «Mandanten» gar nicht sachentsprechend zu verstehen bzw. zu würdigen und darzustellen vermag. Er ist allerdings auch gar nicht mit einem von Amts wegen gestellten Anwalt in unserem Sinn zu verwechseln; er hat vielmehr die Aufgabe, unparteiisch die positiven Aspekte und die Verdienste des Autors *darzustellen;* er hat mitzuhelfen, den wahren Sinn der Aussage in den theologischen Kontext einzuordnen und richtig zu *erklären;* er hat ferner auf die Ausstellungen der Berichterstatter und Sachverständigen zu *antworten* und über Einfluß und Bedeutung der fraglichen Meinung zu *urteilen* (n. 6). Der Kommentar im «Osservatore Romano» vermerkt darum mit Recht, daß dieser «relator pro auctore» den Autor *nicht* im Sinne eines Advokaten verteidi-

79 *H. Heinemann,* a.a.O. 9.

ge[80]. In amtlichem Auftrag nimmt dieser relator vielmehr «im Dienste der Wahrheit» teil an der kollegialen Prüfung des genauen Sinnes der zu untersuchenden Schrift. Nach der deutschen Rechtsordnung mag seine Aufgabe etwa mit jener zu vergleichen sein, die dem Staatsanwalt zukommt, dem es ja ebenfalls obliegt, *objektiv* die Wahrheit zu erforschen, und dabei nicht nur belastende, sondern auch entlastende Umstände zu ermitteln.

Gutachter wie Relator sind also Männer des Vertrauens der Kongregation. Die Gutachten und der Bericht des Relators werden den Konsultoren der Kongregation übersandt und in einer Sitzung mit ihnen erörtert (nn. 7 und 8). – Nun erst werden die Akten den Mitgliedern der ordentlichen Versammlung der Kardinäle der Kongregation zugesandt, um dann in der Versammlung verhandelt zu werden. Ausdrücklich stellt n. 9 der Verfahrensordnung fest, daß an dieser ordentlichen Versammlung auch jeder der sieben außerhalb Roms lebenden bischöflichen Mitglieder mit allen Rechten teilnehmen kann. Ob sie allerdings die Unterlagen zugeschickt erhalten (oder von dem Verfahren nur durch Zufall erfahren), sagt die Ordnung nicht.

Wenn in der ordentlichen Versammlung die in Rede stehende Meinung verhandelt worden ist und letztere nach kollegialer Beschlußfassung einen Entscheid gefällt hat, wird dieser unverzüglich bei der nächsten Audienz dem Papst zur Approbation vorgelegt (n. 11).

Wird das Verfahren eingestellt, so braucht der Ortsoberhirte nur benachrichtigt zu werden, «falls er vorher

80 Vgl.: OssRom v. 5. 2. 1971, S. 2.

von der Untersuchung unterrichtet worden war» (n. 12). Auch künftig wird es also Verfahren geben, bei denen – wie es heißt – der zuständige Bischof und der Autor nicht «beunruhigt» zu werden brauchen. Diese Rücksichtnahme ist zweifellos ehrenwert, doch dürfte sie kaum dem entsprechen, was man heute unter einem rechtlichen und ordnungsgemäßen Verfahren versteht. Damit wird ungewollt – und vielleicht sogar unbegründet – die Ehrlichkeit und Rechtlichkeit des gesamten Verfahrens dem Verdacht ausgesetzt, daß sich die Methoden der alten Inquisition letztlich doch nicht gewandelt haben. Außerdem wird es leicht geschehen können, daß in ein und derselben Sache von zwei Organen eine Untersuchung durchgeführt wird: vor dem zuständigen Bischof bzw. der bischöflichen Glaubenskommission und der obersten Glaubensbehörde[81].

Wurden jedoch falsche oder gefährliche Meinungen festgestellt, so müssen spätestens jetzt der zuständige Bischof und eventuell andere interessierte Oberhirten verständigt werden. Nun erst wird auch der betroffene Theologe unterrichtet und zu einer schriftlichen Stellungnahme binnen Monatsfrist aufgefordert; gegebenenfalls kann er auch zu einer Aussprache mit Beauftragten der Kongregation eingeladen werden (nn. 12 u. 13). – Die Regelform ist jedoch die schriftliche Stellungnahme des Autors. Wenn er nicht antwortet oder nicht zur Aussprache erscheint, tritt die Kongregation unmittelbar in die Endberatung ein (n. 16).

In der Regel werden die schriftliche Antwort des Au-

81 Die Ordnung des Lehrbeanstandungsverfahrens bei der Deutschen Bischofskonferenz sieht dagegen zwingend eine Unterrichtung der Glaubenskongregation über Eröffnung und Ergebnis eines solchen Verfahrens vor.

tors – bzw., falls ein Kolloquium stattgefunden hat, der zusammenfassende Bericht über das Kolloquium – der ordentlichen Versammlung zur Entscheidung vorgelegt. Ergeben sich aus diesen Antworten neue Gesichtspunkte, «die eine gründlichere Prüfung notwendig erscheinen lassen», wird die Angelegenheit zunächst wiederum «dem Rat der Konsultoren vorgelegt» (n. 15).

Insgesamt mag in unserem Zusammenhang die Charakterisierung dieses *Kolloquiums* durch den derzeitigen Sekretär der Kongregation, Erzbischof *J. Hamer* von Interesse sein:

1. Dieses Kolloquium wird von Theologen zwar auf – formal – wissenschaftlichem Niveau geführt, aber nur ex delegatione: sie «handeln jedoch im Auftrag der Kongregation», also nicht als eigenverantwortliche Wissenschaftler.

2. Deshalb ist es auch «keine akademische», – was wohl heißen soll, argumentative – «Diskussion, sondern hat zum Ziel, die Lehre des Autors sowie seine eigene Interpretation genau kennen zu lernen und mit den Aussagen des Lehramtes zu konfrontieren»[82].

Gerade wenn man diese Feststellung *Hamers* akzeptiert, daß es sich dabei weder um ein «Streitgespräch noch um ein Verhör im juristischen Sinne» handle, sondern um «eine Auseinandersetzung mit Anhörung des Autors auf wissenschaftlicher Ebene», wird die Deutung vielleicht nicht ganz abwegig sein, daß es sich tatsächlich also um ein quasi-juristisches «Verhör» in quasiwissenschaftlichen Formen handelt. Ein «wissenschaft-

82 Struktur, Verfahren und Aufgaben der Glaubenskongregation. Fragen an ihren Sekretär Erzbischof Jérôme Hamer, in: HerdKor 28 (1974) 238–246.

liches» Gespräch ist es deshalb sicherlich nicht, weil die eine Seite, nämlich die Delegierten der Kongregation, die in Rede stehende Wahrheit auch formal sicher zu bestimmen wissen und nicht bereit sein werden, den Argumenten des Autors ihre eigenen entgegenzusetzen. Es geht somit lediglich darum zu prüfen, ob sich die Meinung des Autors in die angenommene «regula fidei» einpassen läßt. Eine argumentative Widerlegung der Ergebnisse des Autors ist nicht nur nicht vorgesehen, sondern aufgrund dieser Konzeption auch nicht zulässig; mit Recht sagt deshalb Erzbischof *J. Hamer*, daß die Kongregation keine Akademie zur Erörterung von Lehrmeinungen sei, die der freien Diskussion offenstehe, denn sie werde nur auf der Ebene der Glaubenslehre tätig[83].

Verweigert nun der Autor sowohl die schriftliche Antwort als auch gegebenenfalls das Angebot zu einem Kolloquium, so faßt «die ordentliche Versammlung geeignete Beschlüsse» (n. 16). Leider wird hier weder die Richtung dieser Beschlüsse angedeutet noch ausdrücklich die Rechtsfolge festgelegt, daß nun das Verfahren auch ohne ihn zu Ende geführt werden kann.

Auffallend ist, daß nicht einmal zu diesem Zeitpunkt des Verfahrens eine förmliche Anhörung bzw. Stellungnahme des zuständigen Ordinarius vorgesehen ist, wie dies die Apostolische Konstitution «Regimini Ecclesiae» in n. 32 ausdrücklich fordert. Auch diesbezüglich muß nochmals betont werden, daß insofern diese Verfahrensordnung gegen höherrangiges Recht verstößt. Ein Verfahren, in dem der zuständige Ordinarius nicht gehört worden wäre, ist deshalb rechtsfehlerhaft und anfechtbar.

83 Vgl. HerdKor, a.a.O. 238, 241, 243.

Nach der schriftlichen oder mündlichen Stellungnahme des Autors erfolgt in der Regel die endgültige Entscheidung durch die ordentliche Versammlung der Glaubenskongregation. Nach Approbation durch den «Summus Pontifex» wird diese dem Ordinarius des Autors mitgeteilt (n. 18). Diesem obliegt es nun offenbar, dem Betroffenen die Entscheidung der Kongregation zuzustellen und eventuell rechtliche Konsequenzen zu ziehen. Die Verfahrensordnung sagt darüber nichts aus. «Warum auf die unmittelbare Benachrichtigung des Autors verzichtet wird, vor allem dann, wenn er sich gemäß n. 13 am Verfahren beteiligt hat, ist nicht ganz verständlich»[84].

Die Entscheidung der Kongregation beinhaltet auch eine Festlegung darüber, «ob und auf welche Weise der Ausgang der Untersuchung veröffentlich wird» (n. 17). Da es sich doch um eine öffentliche Lehre des Autors handelt, vor der die kirchliche Öffentlichkeit gegebenenfalls gewarnt werden soll, ist es geradezu unverständlich, daß auch noch in diesem Stand des Verfahrens eine Geheimhaltung im Bereich des Möglichen liegen soll.

Wenn der Sekretär der Kongregation, Erzbischof *J. Hamer*, die «Wahrung des Geheimnisses», damit begründet, daß im heutigen psychologischen Klima schon die Nachricht, «daß die Glaubenskongregation die Schrift eines Autors prüft», genügen würde, «um seinem guten Namen zu schaden», mag sich darin ein gutes Maß an Verständnislosigkeit (der Kurie insgesamt?) gegenüber der Schutzfunktion ausdrücken, die «Öffent-

84 *H. Heinemann*, a.a.O. 12.

lichkeit» bewirken kann[85]. Andererseits florieren Gerüchte bekanntlich dann am besten, wenn über allem der Grauschleier der Geheimhaltung liegt. Nichts schädigt in einer homogenen Gesellschaft, als welche die Kurie die Kirche immer noch sehen möchte, den Ruf eines Menschen mehr als diese Art von Geheimhaltung. Nicht umsonst verlangen die Erklärung der Menschenrechte der Vereinten Nationen und die Europäische Konvention zum Schutz der Menschenrechte und Grundfreiheiten die Öffentlichkeit des Verfahrens bzw. des Gehörs (Art. 10 und Art. 6). – Angesichts der gegenwärtigen Lage allerdings, in der sich die Kirche heute befindet, darf man fragen, ob es noch für einen Autor schädlich ist, wenn bekannt wird, daß sich die Glaubenskongregation mit seinen Werken befaßt. Vielleicht unterliegt die Kongregation auch diesbezüglich einer Fehleinschätzung der Reaktionsweisen der Meinung in der Kirche und in den Kreisen der Wissenschaft außerhalb der Kirche.

### *6. Es gibt kein ordentliches Rechtsmittel*

Erzbischof *J. Hamer* hat in seinem Interview in der «Herder-Korrespondenz» auch die Auffassung vertreten, daß für den Fall, da «ein Autor meint, daß die Verfahrensordnung nach ihrer Veröffentlichung nicht eingehalten» worden sei, er «in einer von den kirchlichen Normen festgesetzten Weise rekurrieren» könne. Dieses Recht sei seiner Meinung nach «ganz klar» in Art. 106 von «Regimini Ecclesiae», der Apostolischen Konstitu-

85 Vgl.: HerdKor, a.a.O. 243 f.

tion über die Reform der Römischen Kurie vorgesehen[86].

Artikel 106 der Konstitution «Regimini Ecclesiae» lautet: «Durch die zweite Abteilung entscheidet die Apostolische Signatur Streitfälle, die aus kirchlichem Verwaltungsakt entstanden sind und die ihr aufgrund eingelegter Berufung oder durch Rekurs gegen die Entscheidung der zuständigen Kurialbehörde übertragen worden sind, wenn behauptet wird, daß jenes Vorgehen irgend ein Gesetz verletzt habe. In diesen Fällen entscheidet sie über die Zulassung des Rekurses oder über die Gesetzwidrigkeit des angefochtenen Aktes.»

Das dazugehörige Regolamento der Römischen Kurie sagt dazu in Art. 119, daß Entscheide der Römischen Kurie, die eines Rekurses an die zweite Sektion der Apostolischen Signatur als dem obersten kirchlichen Verwaltungsgericht, fähig sind, «der Billigung durch den Papst nicht unterbreitet werden (dürfen), bevor dreißig Tage seit der Bekanntgabe derselben vergangen sind.» Die Verfahrensordnung zur Prüfung von Lehrfragen der Glaubenskongregation sieht jedoch für das ordentliche Verfahren vor, daß die Kongregation die Entscheidung zunächst dem «Summus Pontifex» zur Approbation vorlegt (n. 11). *Erst dann* soll der Ordinarius über die verdächtigen oder falschen Lehrmeinungen informiert werden, und zwar mit dem Zweck, daß dieser sie beim Autor beanstandet. In gleicher Weise wird auch die Endentscheidung der ordentlichen Versammlung zuerst dem «Summus Pontifex» zur Approbation unterbreitet und erst «daraufhin dem Ordinarius des Autors

86 HerdKor a.a.O. 241.

mitgeteilt» (n. 18)[87]. Da also die Verfahrensordnung ausdrücklich die Approbation der Entscheidungen der Glaubenskongregation durch den Papst *vor* der Bekanntgabe an den Bischof (und an den Autor) vorschreibt, ist die Einlegung eines ordentlichen Rechtsmittels nicht möglich!

Einzig im außerordentlichen Verfahren könnten der Ordinarius und/oder der Autor an die zweite Sektion der Apostolischen Signatur rekurrieren, da in dieser Stufe des Verfahrens der Kongreß der Kongregation allein entschieden hat. Gegen die endgültige Entscheidung der Kongregation jedoch gibt es auch im außerordentlichen Verfahren kein ordentliches Rechtsmittel, da diese ebenfalls *vor* ihrer Bekanntgabe vom Papst approbiert werden muß (n. 1 i.V.m.n. 18). Somit gibt es – außer in der ersten Stufe des außerordentlichen Verfahrens – entgegen der Behauptung des Sekretärs der Glaubenskongregation weder für den beteiligten Bischof noch für den betroffenen Autor «eine von den kirchlichen Normen festgesetzte Weise (zu) rekurrieren»!

87 Dieses Dilemma gilt ganz allgemein. Weil grundsätzlich «alle Entscheidungen, sofern es sich nicht um Urteile der Römischen Rota und der Apostolischen Signatur handelt und sofern die Leitenden Kardinäle keine Sondervollmacht besitzen, dem Papst zur Gutheißung vorgelegt werden müssen (n. 136 Abs. 2 der Konstitution über die Kurienreform), dürften sich Schwierigkeiten ergeben: Einerseits bedürfen die Entscheide (vor der Mitteilung an die Partei) der päpstlichen Billigung, andererseits darf die päpstliche Approbation erst nach Ablauf von dreißig Tagen ... eingeholt werden»: *H. Schmitz,* Kurienreform 163.

## *7. Hinter den Grunderfordernissen zurück*

Vergleicht man diese «Neue» Verfahrensordnung mit der Forderung der Theologen aus aller Welt vom Jahr 1969, so muß man feststellen, daß sie diese nicht nur inhaltlich fast gänzlich unberücksichtigt läßt, sondern auch den heutigen Grundsätzen für ein ordnungsgemäßes *Verwaltungs*verfahren nicht genügt:

1.1 Im sogenannten *außerordentlichen* Verfahren, von dem zu fürchten ist, daß es das regelmäßige werden könnte, ist dem Autor keine echte Verteidigungsmöglichkeit eingeräumt: nicht einmal ein amtlicher Berichterstatter nimmt den Autor und seine Lehre förmlich *in Schutz!*

1.2 Dem verdächtigten Autor wird ein sogenanntes «rechtliches Gehör» nicht gewährt!

1.3 Er hat *nicht* das Recht der Wahl eines theologischen oder juristischen Beistandes!

2.1 Beim *ordentlichen* Verfahren werden der zuständige Bischof und der Autor von der Tatsache und dem Ergebnis der Voruntersuchung in der Regel erst unterrichtet, wenn das «Urteil», nämlich die Feststellung, daß die Lehre des Autors «falsche oder gefährliche Meinungen» enthält, bereits gefällt ist!

2.2 Der Betroffene hat kein Recht auf Akteneinsicht; er kennt weder die Voten der Gutachter und des «relators pro auctore», noch kennt er diesen selber.

2.3 Schließlich fehlt eine klare Regelung der Zuständigkeit des Ortsbischofs bzw. der territorialen Bischofskonferenz für diese Verfahren.

2.4 Eine Anfechtungsmöglichkeit gegen die Endentscheidung ist nicht gegeben. Zwar sind keine besonderen

Zensuren vorgesehen, da ja «nur» der objektive Sinn der geäußerten Meinung verurteilt wird, nicht aber die Rechtgläubigkeit des Autors grundsätzlich in Frage gestellt werden soll; da aber kein ordentlicher Revisionsweg vorgesehen ist, bleibt unter Umständen das Kainsmal der Verurteilung. Häufig genug wird eine solche Entscheidung auch künftig zum Verlust der Lehrtätigkeit führen.

Daß der Text dieser Verfahrensordnung dennoch an einigen Stellen fast wörtlich auf das weit beachtete Memorandum der Theologen zurückgreift, muß darum wie eine bittere Ironie anmuten, da deren Intentionen und Bitten höchstens der Form, zum wenigsten dem Inhalt nach berücksichtigt worden sind.

## C. DAS LEHRBEANSTANDUNGSVERFAHREN BEI DER DEUTSCHEN BISCHOFSKONFERENZ

Die Ordnung des Lehrbeanstandungsverfahrens bei der Deutschen Bischofskonferenz wurde von dieser Konferenz am 21. September 1972 verabschiedet und mit Wirkung zum 1. Januar 1973 für drei Jahre zur Erprobung in Kraft gesetzt (§ 41 der Verfahrensordnung)[88]. Diese Ordnung, die hier keineswegs ausführlich kommentiert werden kann, sondern nur umrißhaft vorgestellt werden soll, verdient es jedoch, im Zusammenhang mit unserer Frage nach der rechtlichen Sicherung von Grundrechten in der Kirche als ein Versuch erwähnt zu werden, der an den Prinzipien von Recht und Billigkeit orientiert ist. Überdies bemüht sich diese Ordnung wenigstens ansatzweise, der Eigenart der Theologie gerecht zu werden.

Die Rechtslage, von der bei der Erarbeitung einer solchen Verfahrensordnung auszugehen war, ist kompliziert genug: Einerseits durfte das Recht des Hl. Stuhles, näherhin der Glaubenskongregation, *jederzeit* ein Verfahren gegen einen Autor durchzuführen, nicht beeinträchtigt werden, wie andererseits die unvertretbare Amtsverantwortung des zuständigen Bischofs von der Bischofskonferenz nicht usurpiert werden sollte. Deshalb wird in der Verfahrensordnung einleitend ausdrücklich festgestellt, daß ein Verfahren nach dieser Ordnung «die eigene Zuständigkeit und Verantwortung des Ordinarius» voraussetzt, wie auch bereits getroffene Maß-

88 Veröffentlicht in: Nachkonziliare Dokumente Bd. 37, eingeleitet und kommentiert von *H. Heinemann*, 1974, 13–45; AfkKR 141 (1972) 524–530; ebenso in den Amtsblättern einer Reihe deutscher Diözesen.

nahmen dieses Ordinarius durch die Eröffnung oder Durchführung des Verfahrens nicht suspendiert werden (§ 3). Darüber hinaus aber wollten die deutschen Bischöfe auch «einem Autor, der sich in seiner Lehre von kirchlichen Amtsträgern diskriminiert sieht, den nötigen Rechtsschutz geben» (Vorbemerkung).

«Wenn andere Möglichkeiten zur Beilegung des Konflikts erschöpft sind», ist es das *Ziel* dieses Lehrbeanstandungsverfahrens (§ 1):

a) *festzustellen,* «ob Lehren eines katholischen Autors der kirchlichen Glaubenslehre ... widerstreiten oder sie verfälschen»;

b) dem antragstellenden Ordinarius eine *Entscheidungshilfe* zu geben über zu treffende Maßnahmen.

Antragsberechtigt zur Eröffnung eines solchen Verfahrens ist zunächst (§ 4a) der *eigene Ortsoberhirte* des Autors, also der Bischof, in dessen Diözese der Autor seinen Wohnsitz oder Nebenwohnsitz hat oder – sofern er Geistlicher ist – in dessen Diözese er inkardiniert ist. In einem solchen Fall braucht der Ordinarius proprius nicht mit dem Ordinarius des Wohnsitzes identisch zu sein[89]. Aber auch der Ordinarius des Ortes, an dem der betreffende Autor «seine Tätigkeit ausübt oder ausüben soll» (§ 4b), ist antragsberechtigt. Diese Erweiterung der Antragsberechtigung dürfte vor allem für jenen Fall von Belang sein, da ein (umstrittener) Autor erst in die Diözese dieses Bischofs kommen soll, etwa weil er für einen Lehrstuhl an einer Hochschule im Gebiet seiner Diözese vorgesehen ist. Bislang erfolgte die Erteilung des soge-

89 Vgl.: *H. Heinemann,* a.a.O. 22 mit Berufung auf das Dekret über Dienst und Leben der Priester 10.

nannten «Nihil obstat» oder seine Verweigerung ohne ein geregeltes oder gar überprüfbares Verfahren. Zwar deutet nichts darauf hin, daß sich dies ändern würde oder ändern müßte, doch wird dem Autor, «der sich in seiner Lehre von kirchlichen Amtsträgern diskriminiert sieht» (§ 4c), ausdrücklich das Recht zuerkannt, ein Verfahren gegen sich zu beantragen. Das kann dann bedeutsam werden, wenn der Bischof jemandem, der von einer Hochschule für einen theologischen Lehrstuhl vorgeschlagen wurde, die notwendige Zustimmung (ohne hinreichende Begründung) verweigert, oder aber, wenn er glaubt feststellen zu müssen, ein theologischer Lehrer sei «in seiner Lehrtätigkeit oder in seinen Schriften der katholischen Lehre zu nahe (ge)treten oder (habe) einen schweren oder ärgerlichen Verstoß gegen die Erfordernisse *priesterlichen* Lebenswandels» begangen[90].

Bislang gab es in einem solchen Konflikt für den be-

90 Preußisches Konkordat – Schlußprotokoll zu Art. 12 Abs. I Satz 2; vgl. Reichskonkordat Art. 19 und 22; Badisches Konkordat Art. X Abs. 2; Vertrag zwischen dem Hl. Stuhl und dem Freistaat Bayern zur Änderung und Ergänzung des Bayerischen Konkordats vom 29. 3. 1924 vom 4. 9. 1974 (AAS 66 [1974] 601 ff; GVBl Nr. 23 [1974] 541 ff). – Artikel 3 § 3 dieser Zusatzvereinbarung lautet: «Sollte einer der genannten Lehrer (nämlich an den theologischen Fachbereichen) vom Diözesanbischof wegen seiner Lehre oder wegen seines sittlichen Verhaltens aus triftigen Gründen beanstandet werden, so wird der Staat unbeschadet der staatsdienerlichen Rechte alsbald auf andere Weise für einen entsprechenden Ersatz sorgen.» – Die Tragweite dieser Vereinbarung offenbart das Schlußprotokoll. Dort heißt es: «Die Anwendung des Art. 3 § 3 hat daher zur Folge, daß der Lehrer aus dem theologischen Fachbereich ausscheidet.» – Im Notenwechsel zwischen dem Apostolischen Nuntius in Deutschland und dem Bayerischen Ministerpräsidenten wird darüber hinaus authentisch festgestellt, «welche Personen die Kirche auf jeden Fall beanstanden wird», nämlich: «Priester, die dem Priesterstand nicht mehr angehören und wiederverheiratete Geschiedene können dem theologischen Fachbereich nicht angehören.» – Der Notenwechsel ist abgedruckt in der Drucksache 7/7108 vom 4. 9. 1974, S. 21–22 des Bayerischen Landtags 7. Wahlperiode; AfkKR 143 (1974) 546–585.

troffenen Theologen keine Möglichkeit, den Bischof rechtlich zu veranlassen, seine Gründe – auch ihm gegenüber – offenzulegen. Ob die hier vorgesehene Regelung diesbezüglich eine Besserung im Sinn einer rechtlichen und sachlichen Überprüfbarkeit zu bringen vermag, bleibt abzuwarten. Auf jeden Fall aber dürfte den Theologen doch ein gewisser Schutz gegeben sein.

Der Kreis der Antragsberechtigten ist somit deutlich eingeschränkt auf die *betroffenen* Ortsbischöfe oder den betroffenen Autor selber. Die «Bücher und andere im Druck erschienenen Schriften sowie *Vorträge*» erscheinen nicht wie gemäß der Ordnung der Glaubenskongregation gleichsam von selber vor dem Tribunal, sondern dieses Verfahren braucht einen – bekannten – Initiator.

Außerdem können «Gegenstand des Lehrbeanstandungsverfahrens» vor der Deutschen Bischofskonferenz «nur vom Autor selbst schriftlich fixierte oder von ihm anerkannte *öffentliche* Äußerungen sein» (§ 2). Mit dieser Bestimmung der Untersuchungsmaterie ist der Rechtsklarheit und damit auch der Rechtssicherheit ein entscheidender Dienst erwiesen. Die Notwendigkeit der Anerkennung der Authentizität durch den Autor schützt ihn vor irrigen oder böswilligen Anzeigen. Wer jemals Nachschriften seines Kollegs gesehen hat, weiß, wie leicht und durchaus unabsichtlich sich schwerwiegende Entstellungen einschleichen können. Selbst Nachschriften aufgrund von – meist amateurhaften – Tonbandaufzeichnungen sind nicht davor gefeit, schwerwiegende Mängel zu enthalten. – Hier mag *ein* bedeutsamer Unterschied zur römischen Verfahrensordnung liegen, der zugleich auch eine tiefe Differenz im Rechtsempfinden offenbart: Nur als authentisch *anerkanntes*

Material darf der Untersuchung zugrunde gelegt werden[91]!

Wenn in § 5 verlangt wird, daß *vor* Eröffnung des Verfahrens ein Gespräch zwischen dem beteiligten Ordinarius oder seinem Beauftragten und dem Autor mit dem Ziel stattgefunden haben muß, «die Frage so zu klären, daß ein Verfahren sich erübrigt», dürfte das wohl ein evangeliumsgemäßer Versuch der Konfliktlösung sein[92].

Verweigert allerdings der Autor, gegen den ein Lehrverfahren eingeleitet werden soll, dieses Gespräch oder gar die Beteiligung an dem Verfahren überhaupt, so kann es trotzdem durchgeführt werden. Allerdings wird in einem solchen Fall zu prüfen sein, ob der Aufwand eines derartigen Verfahrens noch gerechtfertigt ist. Es kann dann möglicherweise die Vermutung bestehen, daß der Autor weder an einer friedlichen Beilegung noch an einer sachlichen Klärung des Konflikts interessiert ist. Sicherlich ist es im Einzelfall nicht auszuschließen, daß der Bischof oder sein Vertreter bei einem solchen Vorgespräch den Autor massiv unter Druck zu set-

91 Zwar sagt auch die Verfahrensordnung der Glaubenskongregation, daß die Gutachter das «authentische Werk des Autors zu untersuchen» haben (n. 3), doch wird der Autor diesbezüglich nicht befragt. Da auch «Vorträge, deren Inhalt die Hl. Kongregation für die Glaubenslehre angehen» Gegenstand der Untersuchung sein können, ist es also durchaus möglich, daß Nachschriften oder Tonbandaufzeichnungen zur Einleitung eines Verfahrens ausreichen.

92 Die Verfahrensordnung erinnert an dieser Stelle selber an Mt 18,15–17: «Wenn aber dein Bruder sich verfehlt hat, so gehe hin und stelle ihn unter vier Augen zur Rede! Hört er auf dich, so hast du deinen Bruder gewonnen, hört er nicht, so ziehe noch einen oder zwei hinzu, damit jede Sache feststeht auf die Aussage von zwei oder drei Zeugen hin. Wenn er aber auch auf diese nicht hören will, so sage es der Kirche (Ekklesia) – und wenn er auch auf die Kirche nicht hören will, so sei er dir wie ein Heide und Zöllner.» (Übersetzung nach O. *Karrer*).

zen und nach alter Manier zur «Unterwerfung» zu drängen versucht. Eine solch unzulässige Beeinflussung müßte aber von dem, der das Gespräch verweigert, konkret bewiesen werden; es genügt nicht, zu behaupten, die geforderte Aussprache hätte lediglich ein «Unterwerfungsgespräch» sein sollen. Wer sich diesem von der Verfahrensordnung zwingend vorgeschriebenen Gespräch entzieht, macht dadurch entweder sein Desinteresse an einem rechtmäßigen Verfahren deutlich oder gesteht die Unhaltbarkeit seiner Theorien ein.

Allerdings muß man auch feststellen, daß die Verweigerung eines solchen Gesprächs auch eine tiefe Tragik offenbaren kann, nämlich die Tatsache, daß im konkreten Fall – wenigstens für den Augenblick – die Fronten aufgrund des verschiedenen Denk- und Sprachstils, wegen des unterschiedlichen theologischen Ansatzes oder der Andersartigkeit der Argumentation so verschieden sind, daß ein förmliches Gespräch ohne Sinn bleiben dürfte. In einem solchen Fall aber müßte der Autor auf bereits vorausgegangene fruchtlose Unterredungen oder einen eskalierenden Briefwechsel verweisen können. Umgekehrt könnte gerade die Vergeblichkeit solcher Bemühungen ja einen Autor – oder auch den Bischof – veranlaßt haben, die Durchführung eines förmlichen Verfahrens zu beantragen. Dabei wird jedoch immer entscheidend sein, daß es sich um eine konkrete Auseinandersetzung *dieses* Bischofs mit *jenem* Autor handelt. Die Begründung der Ablehnung dieses Vorgesprächs mit dem pauschalen Verweis auf andere Vorgänge und mit anderen Personen vermag nicht zu genügen!

Liegen jedoch in einem konkreten, tragischen, aber leider keineswegs undenkbaren Konfliktfall die Dinge so, daß tatsächlich ein Gespräch der beiden Kontrahenten der Sache nicht mehr dienlich sein kann, sollte allerdings aus der Verweigerung des Gesprächs allein noch keine contumacia (Verstocktheit bzw. schuldhaftes Versäumnis) oder pertinacia (Starrsinnigkeit) gefolgert werden.

### *1. Die Organe des Verfahrens*

Unser gegenwärtiges Rechtsempfinden verlangt, daß die anklagenden, untersuchenden und beratenden sowie die entscheidenden Organe personell voneinander getrennt sind. Nun ist bei einer geistig-geistlichen Auseinandersetzung eine solche Trennung zweifellos nicht ganz einfach und sicher auch nicht problemlos. Dennoch wird man den Versuch der deutschen Verfahrensordnung, drei personell verschiedenen Organen jeweils bestimmte Funktionen zuzuweisen, als ein durchaus erwägenswertes Modell bezeichnen dürfen:

1. Die *Glaubenskommission* der Deutschen Bischofskonferenz, in die gemäß Art. 16 des Statuts der Konferenz nur Mitglieder der Bischofskonferenz berufen werden können, hat nach § 7 der Verfahrensordnung folgende Aufgaben:

Die Glaubenskommission *prüft* die Berechtigung des Antrags und *entscheidet* über Eröffnung oder Nichteröffnung des Verfahrens. Hat der Vorsitzende der Glaubenskommission einen Antrag auf Eröffnung eines Verfahrens gemäß § 22a der Verfahrensordnung abgelehnt, oder ist er säumig, ist sie für den Antragsteller *Beschwerdeinstanz.*

Die Verfahrensordnung trifft allerdings keine Vorsorge für den Fall, daß die Glaubenskommission selber beschließt, ein Verfahren nicht zu eröffnen. *H. Heinemann* weist hier mit Recht darauf hin, daß in diesem Fall dem Antragsteller das Recht zusteht, beim Apostolischen Stuhl, das heißt bei der Glaubenskongregation, Beschwerde einzulegen[93].

2. Hat die Glaubenskommission sich jedoch für die Durchführung eines Verfahrens entschieden, muß sie die fünf Mitglieder der für dieses Verfahren zuständigen *Theologenkommission* berufen. Sie hat dabei darauf zu achten, daß die ausgewählten Personen, welche die Qualifikation für einen kirchlichen Lehrauftrag an einer Hochschule haben müssen (§ 9b)[94], «sowohl dem beteiligten Ordinarius als auch dem Autor persönlich fernstehen». «Der beteiligte Ordinarius und der Autor haben das Recht, innerhalb von 14 Tagen bei der Bischofskommission gegen Mitglieder der Theologenkommission Befangenheitseinrede vorzubringen» (§ 9c). Bischöfe, die der Bischofskommission angehören, können nicht in ein und demselben Verfahren Mitglieder der

93 A.a.O. 24.

94 § 9b: «Diese müssen durch einen Doktorgrad in der katholischen Theologie oder im kanonischen Recht für einen kirchlichen Lehrauftrag an einer Hochschule qualifiziert sein.» – Diese Formulierung ist wenig glücklich, da sie sich bemüht, wissenschaftliche Qualifikation und kirchliche Loyalität in einem Satz zusammenzufassen. Überdies gibt es auch Hochschullehrer mit wissenschaftlicher Qualifikation und kirchlichem Auftrag die «nur» Doktoren der Philosophie sind (etwa für Philosophie oder [Kirchen]-Geschichte). Darüber hinaus könnte es durchaus einmal geboten sein, in einem Verfahren auch Nichttheologen, etwa Soziologen, Politologen oder Naturwissenschaftler als Mitglieder der «Theologenkommission» zu berufen. Es soll ja eine Kommission von Fachleuten der in Rede stehenden Fragen sein! Da jedoch § 11 vorsieht, daß die Theologenkommission ihrerseits das Recht hat »Gutachten anzufordern oder Berater hinzuzuziehen» mag dieser Mangel sachlich nicht sehr bedeutsam sein. Vielleicht verrät er aber doch einen Rest klerikalen Denkens.

Theologenkommission sein (§ 14), wie auch ein an dem Verfahren als Ortsordinarius beteiligter Bischof weder Mitglied der Theologen- noch der Bischofskommission sein kann (§ 15).

Eine *Befangenheitseinrede* gegen die Mitglieder der Bischofskommission ist nicht vorgesehen. Dies insofern mit Recht, da die fünf Mitglieder dieser Kommission – ebenso wie die drei Ersatzleute – von der Deutschen Bischofskonferenz jeweils für die Dauer von drei Jahren gewählt werden (§ 13). Dennoch wäre aus Gründen der kanonischen Billigkeit daran zu erinnern, daß über die in §§ 14 und 15 genannten Gründe hinaus, auch gegen ein Mitglied der Bischofskommission eine Befangenheitseinrede gerechtfertigt sein kann und zugelassen werden sollte. Eine solche Einrede wäre sicherlich dann berechtigt, wenn ein Mitglied der Bischofskommission etwa als Hilfsbischof des Ordinarius bereits mit dem «Fall» befaßt war und womöglich negativ votiert hat oder er gar derjenige war, der den Ortsbischof gedrängt hat, ein Verfahren gegen den Autor zu beantragen.

Gegenüber dem römischen Verfahren ist jedoch – dankbar – zu betonen, daß hier die Mitglieder der befaßten Organe entweder vor der Einleitung des Verfahrens grundsätzlich feststehen (Glaubenskommission und Bischofskommission) oder aber gegen die ad hoc von der Glaubenskommission «nach freiem Ermessen» ernannten Mitglieder der Theologenkommission eine Befangenheitseinrede vorgesehen ist. Damit ist ein wesentliches Erfordernis der heutigen Menschenrechte erfüllt, nämlich das Recht auf einen «gesetzmäßigen» «Richter».

3. «Die *Bischofskommission* besteht aus fünf Bischöfen, die Mitglieder der Glaubenskommission sein müs-

sen» (§ 13a)[95]. Ihr obliegen in diesem Verfahren nicht nur die wesentlichen verfahrensrechtlichen Initiativen und Kompetenzen, sondern es kommt ihr auch die eigentliche *Sachentscheidung* zu: Gemäß § 17 der Verfahrensordnung hat sie den Beteiligten die Entscheidung über die Eröffnung des Verfahrens und «gegebenenfalls die in Frage stehenden Lehrbeanstandungen sowie die Besetzung der Theologenkommission mitzuteilen.»

Sie entscheidet ferner über Befangenheitseinreden, über die Einstellung des Verfahrens, sowie darüber, «ob die in Frage stehenden Äußerungen des Autors einem Dogma der Kirche *direkt* widerstreiten.»

Außerdem kann sie darüber hinaus eine Beurteilung der Äußerungen des Autors geben und «dem antragstellenden Ordinarius Vorschläge über zu treffende Maßnahmen» machen.

Ferner kommt es ihr zu, aus der für ein Verfahren zuständigen Theologenkommission zwei *Berichterstatter* zu bestellen. Damit diese in ihren Berichten eine umfassende und objektive Darstellung der strittigen Fragen liefern und dadurch eine wirklich geistige Auseinandersetzung vorbereiten, sollen sie möglichst «im Einvernehmen mit dem beteiligten Ordinarius und dem Autor» bestellt werden (§ 12).

4. «In einem jeden Verfahren muß dem Autor ein *Anwalt* zur Seite stehen, der einen Doktorgrad in der ka-

95 Da hier ausdrücklich von «Bischöfen» gesprochen wird (und es nicht heißt: «besteht aus fünf Mitgliedern der Glaubenskommission der Deutschen Bischofskonferenz») darf gefolgert werden, daß die nichtbischöflichen Mitglieder der Deutschen Bischofskonferenz auch nicht dieser Bischofskommission angehören können. Ob das positiv intendiert war oder ein Redaktionsversehen vorliegt, braucht im Zusammenhang unserer Fragestellung nicht weiter zu interessieren.

tholischen Theologie oder im kanonischen Recht besitzt.» Der Autor kann diesen Anwalt frei wählen; macht er jedoch von seinem Recht keinen Gebrauch, bestellt die Bischofskommission den Anwalt (§ 18). – Es besteht also sowohl Anwaltszwang als auch konsequenterweise die Möglichkeit der Bestellung eines Pflichtanwalts. Die Anwaltskosten übernimmt – wie alle Kosten des Verfahrens – der Verband der Diözesen Deutschlands (§ 40).

Der Anwalt in diesem Verfahren unterscheidet sich wesentlich von dem «relator pro auctore» der Verfahrensordnung der Glaubenskongregation. Er hat den *vom* Autor gemeinten Sinn der in Frage stehenden Äußerungen herauszustellen und jene Aspekte vorzutragen, «die dafür sprechen, daß die Äußerungen des Autors der kirchlichen Glaubenslehre nicht widerstreiten und sie nicht verfälschen». Außerdem hat er auf die im Verfahren vorgetragenen Einwände zu antworten und den Autor in Verfahrensfragen zu beraten (§ 19). Er ist also dem Anwalt nach deutschem Recht durchaus vergleichbar.

Andererseits hat auch der Ordinarius das Recht auf einen *theologischen Berater* (§ 20), der ebenso wie der Anwalt bei der Aussprache vor der Theologenkommission Rederecht hat (§ 24b). Wie der Anwalt hat er das Recht der Einsicht aller verfahrensrelevanten Akten (§ 37d); die Stellungnahmen des Autors und seines Anwalts sowie aller Beteiligten sind ebenso wie das Votum des theologischen Beraters schriftlich zu verfassen und zu den Akten zu geben (§ 38), die im Sekretariat der Deutschen Bischofskonferenz aufzubewahren sind (§ 39).

## *2. Verfahrensregelungen*

In ihrem dritten Teil stellt die Verfahrensordnung straffe und realistische Normen auf, die einerseits einer Verschleppung zu wehren, andererseits aber auch die Rechte der Parteien zu schützen vermögen.

1. Auf der Grundlage der Stellungnahmen der Beteiligten findet vor der *Theologenkommission* (mindestens) eine Aussprache statt, bei welcher der Bischof, sein theologischer Berater, der Autor und sein Anwalt Rederecht haben (§ 24b). Danach beraten ausschließlich die Mitglieder der Theologenkommission unter sich. Weder der betroffene Ordinarius noch etwaige sachverständige Berater (gemäß § 11) dürfen also dieser Beratung beiwohnen. An ihrem Ende hat jedes Mitglied der Theologenkommission sein Votum abzugeben und zu begründen (§ 24c). – Es wird also ausdrücklich auf rationale, begründete Argumente Wert gelegt!

Aufgrund dieser Beratung gibt die Theologenkommission binnen einer Frist von 14 Tagen (§ 26) der Bischofskommission einen genauen *Bericht* über Verlauf und Ergebnis der Untersuchungen sowie ein *Votum* über die in Rede stehende Äußerung des Autors (§ 10 d und e). Die Theologenkommission kann aber auch – wie der Ordinarius und der Autor – unter Angabe der Gründe die Einstellung des Verfahrens beantragen (§ 25).

2. Die Bischofskommission hat nun die Aufgabe festzustellen, ob die in Rede stehenden Lehren des Autors der kirchlichen Glaubenslehre widersprechen oder sie verfälschen; sie hat dem (betroffenen) Ordinarius Vorschläge über zu treffende Maßnahmen zu machen (§ 17 e–g).

Anders jedoch als in der ordentlichen Versammlung der Glaubenskongregation bildet sie sich ihr Urteil nicht nur aufgrund der schriftlichen Unterlagen sowie des Votums der Theologenkommission und der mündlichen Beratung, sondern auch durch ein zwingend vorgeschriebenes *Gespräch* mit dem beteiligten Ordinarius und dem Autor (§ 27). Der Anspruch auf rechtliches Gehör, der in der Verfahrensordnung der Glaubenskongregation in sehr bedenklichem Maß nicht gewährleistet ist, wird in dieser Ordnung hinreichend gesichert.

Gleiches gilt für die intendierte argumentative Rationalität des Verfahrens: Auch jedes Mitglied der Bischofskommission hat ein *begründetes* Votum abzugeben. Es sind also die Argumente zu *wägen*, bevor die Zahl den Ausschlag gibt. Die getroffene Entscheidung wird dem beteiligten Ordinarius zusammen mit der *Begründung* und einem Vorschlag der zu treffenden Maßnahmen übersandt (§ 30). In gleicher Weise wird die *begründete* Entscheidung auch dem *Autor* zusammen mit einer *Rechtsmittelbelehrung* zugestellt (§ 31).

So gut gemeint diese letzte Bestimmung freilich auch sein mag, ist sie doch verfahrenstechnisch unsystematisch und rechtssystematisch zumindest ungewöhnlich, denn die das Verfahren abschließende Entscheidung der Bischofskommission stellt an sich noch *keinen* den Betroffenen unmittelbar betreffenden *Verwaltungsakt* dar. Deshalb kann zweifelhaft sein, ob es sinnvoll ist, dem Autor in diesem Stadium des Verfahrens das Recht eines Rekurses zuzugestehen. Das nach den genannten Normen durchgeführte Verfahren dient ja zunächst nur dazu, dem «Bischof zu helfen, sein Lehr- und Hirtenamt wahrzunehmen». Dazu treffen die Organe dieses Verfahrens bestimmte sachdienliche Feststellungen, die in Form von Vorschlägen gekleidet letztlich nichts anderes als Entscheidungshilfen für den Bischof sein sollen und können (Vorbemerkung und § 1).

Die Feststellung und Entscheidung der Bischofskommission ist verfahrens- und rechtstechnisch zunächst nichts anderes als ein *qualifiziertes* Gutachten eines besonderen Gutachtergremiums aufgrund eines streng formalisierten Untersuchungsverfahrens. Ihren Vorschlägen über zu treffende Maßnahmen kann der zuständige Bischof folgen; er muß es aber nicht. Es sind beispielsweise folgende Fälle denkbar, bei denen ein Rekurs an den Hl. Stuhl gegen die Entscheidung der Bischofskommission von seiten des Autors weder sinnvoll noch rechtlich möglich wäre:

a) Nehmen wir an, die Bischofskommission entscheidet, daß die Lehre eines Autors zwar nicht direkt einer kirchlichen Lehre widerstreitet, sie diese aber doch gefährlich verfälscht; deshalb schlägt sie dem zuständigen Bischof die Abberufung des betreffenden Theologen von seinem Lehramt vor. Wenn der Bischof nun erklärt, daß ihm diese Feststellung der Bischofskommission für eine Dienstenthebung oder eine Beanstandung im Sinne des jeweiligen Konkordats nicht ausreiche und er nichts gegen den Beschuldigten unternimmt, besteht für diesen kein Anlaß, Rekurs einzulegen. Die möglicherweise als Diskriminierung empfundene Veröffentlichung der Entscheidung der Bischofskommission kann vielleicht durch das Vertrauen des Bischofs nicht ganz ausgeglichen werden, doch dürfte sie in sich noch keinen hinreichenden Rechtsgrund für den Betroffenen darstellen, Rekurs an den Hl. Stuhl einzulegen.

b) In einem anderen denkbaren Fall hat – so nehmen wir an – ein Ortsbischof einen Theologen beim zuständigen Minister entsprechend den geltenden konkordatären Bestimmungen beanstandet. Der Theologe beantragt ein Lehrverfahren gegen sich. Nach durchgeführtem Verfahren kommt die Bischofskommission zu dem Ergebnis, daß der Beanstandete zwar törichte Lehren vertrete, diese jedoch eine so folgenreiche Beanstandung nicht rechtfertigen. Sie empfiehlt dem Bischof Rücknahme der Beanstandung. Nehmen wir nun an, der Bischof glaubt, der Empfehlung der Bischofskommission nicht folgen zu können, dann bietet allenfalls *sein* Verhalten, – also eine vielleicht nicht stichhaltig begründete Beanstandung – einen Grund für einen Rekurs an den Hl. Stuhl, nicht aber die Entscheidung der Bischofskommission.

Wichtig wäre für einen solchen Fall, daß der Bischof verpflichtet ist, seinerseits dem Betroffenen seine Entscheidung mit Begründung und Rechtsmittelbelehrung alsbald zuzustellen.

Richtiger müßte § 31 deshalb wohl heißen:

«a) Die Entscheidung der Bischofskommission wird mit ihrer Begründung dem Autor zugestellt.

b) Der Bischof muß dem Autor alsbald mitteilen, welche Maßnahmen er auf Grund dieser Entscheidung trifft. Der Erlaß dieser Maßnahmen ist zu begründen; er ist mit einer Rechtsmittelbelehrung zu versehen, die klarstellt, daß gegen ihn Rekurs an die S. C. pro Doctrina Fidei eingelegt werden kann.»

Mit Recht sagt darum auch § 32 der Verfahrensordnung, daß ein Rekurs des Autors gegen die Maßnahme, die der *Ordinarius* fällt, keine aufschiebende Wirkung hat. Nur gegen seine Maßnahmen kann der Betroffene Rekurs einlegen.

Die Bestimmung des § 31 der geltenden Ordnung hat allerdings die dankenswerte Absicht, den betroffenen Autor gegen eine ihn mittelbar betreffende und relevante Feststellung eines «Untersuchungsausschusses» zu schützen. Das Problem entsteht durch die – theologisch bedingten? – juristisch ungewöhnlich komplizierten Zuständigkeitsschwierigkeiten: Einerseits wird von drei Organen ein «Verfahren» durchgeführt, doch werden andererseits die Folgerungen aus diesem Verfahren von einer anderen «Instanz» gezogen, die auch etwaige «Maßnahmen» zu treffen hat. Es wäre rechtstechnisch klarer, wenn das entscheidende Organ im Verfahren mit seiner Sachentscheidung auch unmittelbare Maßnahmen treffen könnte. Das aber hat man wegen der unvertretbaren Verantwortung des Ortsbischofs nicht für möglich gehalten und deshalb von einer solchen Regelung abgesehen. So kam es zu der relativen Unstimmigkeit des § 31, dessen Absicht, dem Autor gegen eine belastende Entscheidung aufgrund dieses Verfahrens ein Rechtsmittel zu geben, hier ausdrücklich dankbar anerkannt sei. Dennoch bleiben die formalen Bedenken bestehen.

Umgekehrt fällt auf, daß von einer Rekursmöglichkeit des zuständigen Bischofs nichts gesagt ist. Zwar ist die Entscheidung der Bischofskommission auch ihm gegenüber kein Verwaltungsakt, sondern eine Entscheidungshilfe. Wenn man allein davon ausgeht, daß in der letzten Konsequenz «weder Ordinarius noch Autor rechtlich gebunden sind, das Ergebnis des Verfahrens zu übernehmen»[96], dann braucht er in der Tat kein Re-

96 *H. Heinemann,* a.a.O. 17.

kursrecht. Wenn man jedoch zugesteht, daß es sich in Fragen des Glaubens ja eben nicht um eine res iudicata handelt, sondern um eine unvertretbare Glaubensentscheidung, die niemals voll «in Rechtskraft erwachsen» kann, und wenn man ferner bedenkt, daß der Ordinarius trotz aller rechtlichen Ungebundenheit eben doch durch diese Entscheidung sehr stark «moralisch» gebunden ist, wird man ihm den Rechtsschutz des Rekurses nicht grundsätzlich verweigern dürfen. Dies um so weniger als – wie es § 31 der geltenden Ordnung vorsieht – dem einen Beteiligten, nämlich dem Autor, ein Rekursrecht ausdrücklich zugestanden wird. Das *Gleichheitsgebot* verlangt auch in diesem Fall, beiden Parteien den nämlichen Rechtsschutz zu gewährleisten: Grundsätzlich aber dürfte sich unter rechtssystematischen und verfahrenstechnischen Gesichtspunkten, also unter dem Aspekt der formalen Gerechtigkeit ein Rekursrecht beider Seiten gegen die Entscheidung der Bischofskommission aufgrund dieses Lehrbeanstandungsverfahrens erübrigen. Erst der daraufhin erfolgte Erlaß des Bischofs schafft die subjektiv rechtliche Belastung für den Autor; erst er ist rechtlich angreifbar!

Eine andere Frage – die hier und heute nicht weiter verfolgt zu werden braucht – wäre der Erwägung wert, nämlich, ob der Betroffene gegen schwere *Verfahrensmängel* Rekurs einlegen oder aber vor einem – noch einzurichtenden – kirchlichen Verwaltungsgericht oder der zweiten Sektion der Apostolischen Signatur Klage erheben könnte.

Sowohl über die Eröffnung eines Lehrbeanstandungsverfahrens als auch über ihr Ergebnis sind die römische Glaubenskongregation und der Vorsitzende der Deutschen Bischofskonferenz zu unterrichten (§ 34). Der Text der Verfahrensordnung sagt, daß «der Vorsitzende der *Glaubens*kommission unverzüglich» diese Mitteilung zu machen hat. Da dieser nicht unbedingt Mitglied der entscheidenden *Bischofs*kommission sein muß, müßte deren Vorsitzender ihm zuvor Mitteilung machen. Darüber ist jedoch nichts gesagt; es wurde wohl für selbstverständlich gehalten; in einer Verfahrensordnung sollte jedoch nichts als selbstverständlich vorausgesetzt werden!

Schließlich wird noch in Übereinstimmung mit dem allgemeinen Recht bestimmt, daß ein Rekurs des Autors an die Glaubenskongregation keine aufschiebende Wirkung hat gegen Maßnahmen, die der Ordinarius aufgrund dieser Entscheidung fällt (§ 32).

### *3. Würdigung*

Will man dieses insgesamt ausgewogene Verfahren abschließend würdigen, wird man zunächst bedauern, daß es nicht in jedem Fall einer Lehrbeanstandung die *ordentliche erste* Instanz ist, sondern dem Verfahren der Glaubenskongregation nach allgemeinem Recht im Konkurrenzfall der Vorrang zukommt (§ 35). Der vielleicht formal gar nicht ausräumbare Rest einer Spannung zwischen der mehr statisch-bewahrenden Verantwortung des bischöflichen Lehramtes und der mehr kritisch-rationalen und zugleich dynamischen und jeweils auch in Frage stellenden Aufgabe des theologischen Lehramts, ist in dieser Ordnung auf ein vertretbares Minimum reduziert.

Klare *Fristen* sorgen zudem für eine Straffung des Verfahrens; die von der Ordnung geforderten zwei Anhörungen der Betroffenen, das Gebot der Schriftlichkeit, der Anwalts- und Begründungszwang stellen eine sachgemäße Rechtlichkeit des Verfahrens sicher.

Das förmliche Auseinanderklaffen zwischen geordnetem Verfahren auf der einen und der freien Verantwortung des jeweiligen Ortsbischofs auf der anderen Seite befriedigt – wie oben dargelegt – nicht recht. Dieser Mangel liegt jedoch an der Auffassung vom Bischofsamt und ist nicht der Verfahrensordnung anzulasten. Es darf jedoch gehofft werden, daß in den wenigen Fällen, in denen ein solches Verfahren durchgeführt werden wird, die von der Bischofskommission getroffene Entscheidung und ihre Vorschläge vom Ortsbischof akzeptiert und verwirklicht werden, so daß es nicht zu der – theoretisch möglichen – Differenz zwischen dem Ergebnis des förmlichen Verfahrens und den konkreten Maßnahmen der Kirchenleitung kommen wird.

Obwohl ein solches Verfahren bei raschester Durchführung aufgrund der gesetzten Fristen mindestens ein halbes Jahr dauern dürfte, soll man ihm weder Schwerfälligkeit noch zu lange Dauer vorwerfen. *H. Heinemann* hat mit Recht darauf hingewiesen, daß dieses Verfahren die Verantwortlichkeit des einzelnen zuständigen Ortsbischofs keineswegs suspendiert[97]. Gerade weil der Bischof nach wie vor gegen eine Lehrmeinung, die er für gefährlich oder der katholischen Glaubenslehre widersprechend hält, sofort vorgehen kann, kommt einem solchen – wohl geordneten – Verfahren auch im

97 A.a.O. 36.

nachherein eine besonders hilfreiche Bedeutung zu. Es tut der verantwortlichen Entscheidung des Bischofs keinen Abbruch, wenn er in einem Extremfall glaubt, sofort gegen eine Lehre Stellung nehmen oder gar Maßnahmen ergreifen zu müssen, dann die Angelegenheit aber einem solchen Lehrbeanstandungsverfahren unterwirft bzw. den Antrag des betroffenen Theologen abwartet. Nun kann in einem objektiven, quasigerichtlichen «Gutachter»-Verfahren das anstehende Problem sine ira et studio erörtert werden.

Freilich, ob dieses Verfahren sich bewähren wird, vermag erst die Zukunft zu erweisen. Bewährt es sich nicht, braucht das nicht unmittelbar an dieser Verfahrensordnung zu liegen. Die Ursachen könnten auch in der Unsicherheit der kirchlichen Autorität begründet sein, die mancherorts noch zu meinen scheint, es sei unehrerbietig, wenn man ihre Entscheidungen von einer objektiven Überprüfung abhängig macht und sie gegebenenfalls öffentlich diskutiert. Eine Spur dieses Unbehagens mag gegen Schluß der Verfahrensordnung spürbar werden, wo nicht nur bestimmt wird, daß dieses Verfahren nicht öffentlich ist (§ 36), sondern wo auch verlangt wird, daß die Beteiligten vor der Einsichtnahme in die Akten «sich schriftlich zur Geheimhaltung verpflichten müssen» (§ 37 S. 2). Gerade diese letzte Vorschrift wird der Betroffene nicht nur als unbillig, sondern auch als sein Verteidigungsrecht verletzend empfinden. Angesichts der Übermacht der Institutionen glaubt der heutige Mensch nämlich, daß einzig ein gewisses Maß an Öffentlichkeit seine Rechte zu schützen vermag. Und in der Tat müssen wir uns in der Kirche fragen, warum wir so viel Angst vor «offenen Karten» haben? Der in der

Verfahrensordnung selber gemachte Hinweis auf die Austragung eines Konfliktes vor der «Kirche» (§ 5 unter Verweis auf Mt 18,15–17) meint ja nichts anderes als die «Öffentlichkeit» der Versammlung der gesamten Gemeinde! Gerade weil *dieses* Verfahren formal dem Recht und der Billigkeit entspricht, bräuchte man auch im Einzelfall keine Sorge vor einer Veröffentlichung der Akten zu haben.

Wenn in einem Fall nun tatsächlich der betroffene Autor einseitig einen Teil der Akten, die zu seinen Gunsten sprechen, veröffentlicht, was will dann der zuständige Ordinarius oder Vorsitzende der Glaubenskommission tun? Die Beteiligten mußten sich ja *alle* zur Geheimhaltung verpflichten! Da das Verfahren nicht öffentlich ist, dürfen die Akten eines solchen Verfahrens auch nicht von den Vorsitzenden – weder der Konferenz noch der Glaubenskommission oder Bischofskommission – veröffentlicht werden, da sonst nachträglich die «Öffentlichkeit» des Verfahrens hergestellt würde. Die Bischöfe wären also aufgrund ihrer eigenen Angst jetzt in dem Dilemma, entweder der nur halben Wahrheit die volle Wahrheit nicht entgegensetzen zu können, oder aber sie müßten ihre eigene Verfahrensordnung verletzen und die ergänzenden Akten publizieren. Damit jedoch würden sie sich formal ebenfalls dem Vorwurf des – wenn auch verständlichen – Geheimhaltungsbruchs und der Gesetzesverletzung aussetzen; die Gesetzesverletzung des einen rechtfertigt jedoch nicht ein rechtsverletzendes Verhalten der Autorität.

Überdies kann das Gebot zur Geheimhaltung dem betroffenen Autor vielleicht einen zu billigen Vorwand liefern, eine Mitwirkung am Verfahren abzulehnen. Und das eben hätte diese Verfahrensordnung nicht verdient!

Problematisch ist aber auch die *rechtliche Qualität* dieser Verfahrensordnung, die von der Deutschen Bischofskonferenz beschlossen und in Kraft gesetzt worden ist. Die Beschlüsse der Bischofskonferenz haben verpflichtende Rechtskraft nur in den Fällen, «in denen entweder das allgemeine Recht es vorschreibt oder eine besondere Anordnung, die der Apostolische Suhl motu proprio oder auf Bitten der Konferenz erlassen hat, es bestimmt»[98].

Im vorliegenden Fall gibt es weder eine allgemeine gesetzliche Ermächtigung noch ist eine besondere Anordnung des Apostolischen Stuhles für den Einzelfall des Beschlusses über die Verfahrensordnung erfolgt. Soll deshalb diese Verfahrensordnung für die einzelnen Diözesen geltendes Recht werden, bedarf sie der Inkraftsetzung und Promulgation durch den jeweiligen Bischof als zuständigen Gesetzgeber. Gemäß § 4 Abs. V der Geschäftsordnung der Deutschen Bischofskonferenz sollen Beschlüsse der Vollversammlung, die mit zwei Drittel Mehrheit der anwesenden Mitglieder bzw. mit zwei Drittel Mehrheit der anwesenden Ortsoberhirten und Koadjutoren gefaßt sind, «in allen Diözesen durchgeführt werden. Wenn es in Ausnahmefällen ein Ortsoberhirte nicht für ratsam hält, einen solchen Beschluß in seiner Diözese durchzuführen, wird er dies dem Vorsitzenden mitteilen, der seinerseits die Vollversammlung unterrichtet.» Der jeweilige Ortsbischof ist zwar – sofern er nicht vor der Beschlußfassung dem Vorsitzenden mitgeteilt hat, daß er für seine Diözese eine Inkraftsetzung nicht

98 Dekret «über die Hirtenaufgabe der Bischöfe» Art. 38 Abs. IV.

für ratsam hält – rechtlich verpflichtet, dem Beschluß auch in seinem Bistum Geltung zu verschaffen, doch kann er dazu nicht gezwungen werden. Daraus ergibt sich möglicherweise ein dem Vertrauen in das Recht der Bischofskonferenz abträgliche Rechtsunsicherheit.

Doch auch in dem Fall, da ein Ordinarius diesen Beschluß in seiner Diözese nicht promulgiert hat, kann jeder Antragsberechtigte, auch ein Angehöriger dieses Bistums, die Eröffnung eines solchen Verfahrens beim *Vorsitzenden der Glaubenskommission* der Deutschen Bischofskonferenz beantragen, sofern die sachlichen Voraussetzungen gegeben sind (§ 21); denn der Beschluß der Bischofskonferenz bindet zunächst einmal die Mitglieder dieser Konferenz. Durch ihn werden einer Kommission eben dieser Konferenz ganz bestimmte Verfahrenskompetenzen zugewiesen. Als eine Verfahrensordnung der Bischofskonferenz ist sie insofern von der Zustimmung eines einzelnen Ordinarius und der formellen Rechtskraft in einer bestimmten Diözese unabhängig.

Da dieses Verfahren andererseits in keinem Stadium den zuständigen Bischof hindert, trotzdem aufgrund seiner unvertretbaren Verantwortung jene Maßnahmen zu ergreifen, die ihm notwendig erscheinen (Vorbemerkung), werden auch seine aus der bischöflichen Verantwortung fließenden Rechte nicht geschmälert.

### *4. An dieser Ordnung vorbei?*

Es muß allerdings bedenklich stimmen, wenn man beobachten muß, daß auch nach Inkrafttreten dieser Verfahrensordnung von seiten der Deutschen Bischofskonferenz an dieser Ordnung vorbei und damit ohne sie in Lehrfragen untersucht und vielleicht sogar entschieden wird, weil diese Ordnung nicht in jedem Fall verbindlich vorgeschrieben ist.

Deshalb muß man nach der Rechtsgrundlage dafür fragen, wenn beispielsweise ein Mitglied der Bischofskonferenz über das Buch eines Theologen ein «Gutachten» verfertigt und an alle Mitglieder der Konferenz in Umlauf setzt. Man kann sagen, er tue es aus eigenem Antrieb. Aber tut er es nur «sua sponte»? Warum veröffentlicht er dann seine Erkenntnisse nicht und setzt sie so der Fachdiskussion aus?

Ebensowenig gibt es eine Rechtsgrundlage dafür, wenn der Vorsitzende der Bischofskonferenz einen Ortsbischof auffordert – vielleicht sogar auf dessen eigenen Wunsch hin –, einen bestimmten Theologen förmlich zu beanstanden. Zweifellos kann der Vorsitzende das tun als Mitbischof, ja auch als Vorsitzender der Konferenz und damit als Sprecher ihrer Mehrheit. Es dürfte jedoch seine Kompetenz überschreiten, wenn dieses Schreiben als Votum der Konferenz gleichsam wie eine Intialzündung für das rechtserhebliche Handeln des betreffenden Ortsbischofs wirkt oder als so wirkend dargestellt wird. Die Ordnung für ein Lehrbeanstandungsverfahren hat nur dann einen politischen Zweck und einen praktischen Sinn, wenn tatsächlich in der Regel *alle* diesbezüglich auftretenden Probleme nach den Normen dieses Verfahrens behandelt werden. Es widerspricht den von den Bischöfen auf dem Konzil geäußerten Grundsätzen, die den allgemeinen Menschenrechten zumindest sehr nahe kommen, daß gegen niemanden Untersuchungen begonnen werden, ohne daß der Betroffene und sein Bischof darum authentisch wissen. Nur dann wird endlich das Klima der Verdächtigungen und des Argwohns aufhören, das weithin immer noch dem brüderlichen Vertrauen entgegensteht. In der von der Verfahrensordnung selber zitierten Mattäus-Stelle heißt es, «wenn aber dein Bruder sich verfehlt hat, so gehe hin und stelle ihn unter vier Augen zur Rede» (Mt 18,15)! Warum geht man hier gleich zur Ekklesia der Bischöfe?

Man kann fragen, warum die Deutsche Bischofskonferenz in die Ordnung des Lehrbeanstandungsverfahrens nicht auch dem Vorsitzenden der Konferenz ein Antragsrecht zuerkannt hat. Das ist nicht geschehen! Vielleicht empfiehlt es sich, vor einer Verlängerung für drei weitere Jahre diese Ergänzung einzufügen. – Wenn das Antragsrecht der Konferenz jedoch bewußt nicht in die Ordnung aufgenommen worden ist, weil man verhindern wollte, daß der – letztlich allein – verantwortliche Ortsbischof von der Konferenz oder ihrem Vorsitzenden zu einem Verfahren gezwungen werden könnte, dann darf diese Zurückhaltung in der Verfahrensordnung nicht durch vermehrte Aktivität außerhalb der förmlichen Ordnung wettgemacht werden. Nichts nämlich schadet dem bestehenden Recht mehr, als wenn die zuständigen Autoritäten sich selber nicht an die – von ihnen gesetzte – Ordnung halten. Es wäre verhängnisvoll, wenn der Verdacht auftauchen könnte, dieser Verfahrensordnung käme nur die Funktion eines Feigenblattes zu! Die Beachtung des Gesetzes könnte nämlich allseits vor hurtigen Maßnahmen und eilfertigen Äußerungen schützen und dadurch das Ansehen des Rechts und somit auch das der rechtmäßigen Autorität erheblich fördern und so zum Rechtsfrieden in der Gemeinschaft beitragen. Tatsächlich bedeutet nämlich die Ordnung für Lehrbeanstandungsverfahren bei der Deutschen Bischofskonferenz, würde sie allseits beachtet und im extremen Konfliktsfall auch tatsächlich angewandt, einen guten und wesentlichen Schritt zur Verwirklichung und Sicherung wesentlicher Menschenrechte in der katholischen Kirche Deutschlands.

Am Schluß dieser Erwägungen über die konkreten Weisen der formalisierten Auseinandersetzung zwischen dem pastoralen Lehramt der Kirche und dem theologischen Lehramt soll noch nach den rechtspolitischen Konsequenzen gefragt werden. Auszugehen ist dabei von der wesentlichen Untrennbarkeit von Glaube und wissenschaftlicher Erkenntnis. Darum kann es grundsätzlich und auf Dauer nicht genügen, lediglich die eine oder andere Verfahrensnorm zu «verbessern». Solche «Verbesserungen» dienen – keineswegs nur in der Kirche – häufig lediglich dazu, das Verfahren «griffiger», nicht aber gerechter und sachgemäßer zu machen. Diese Feststellung macht keineswegs die oben aufgestellten Forderungen nach formal besseren und material gerechteren Verfahren mit Akteneinsicht, rechtlichem Gehör und anwaltlichem Schutz hinfällig. Im Gegenteil: Ein Mehr an Gerechtigkeit und Offenheit, Fairneß und verfahrensrechtlicher Klarheit ist für die Sicherheit der Betroffenen unabdingbar, wie es auch dem Ansehen der Institution förderlich und der Würde der in Rede stehenden Wahrheit gemäß wäre. Doch diese dringend notwendigen Veränderungen werden nur dann der Sache der Theologie und der Kirche etwas zu nützen vermögen, wenn sich die Dogmatik und mit ihr auch das kirchliche Lehramt Rechenschaft geben über die *inhaltliche Begründung* und den *geistlichen Stellenwert* einer dogmatisch-lehramtlichen Aussage. Um nicht mißverstanden zu werden: Es geht nicht darum, entsprechend dem heutigen Trend alles einfacher, gefälliger, «netter» zu handhaben; noch weniger soll einer billigen Gleichgültigkeit oder einem vagen Indifferentismus das Wort geredet werden! Es gibt klare Grenzen, die nicht ohne Verlust des Wesens überschritten werden können. Aber ebenso gibt es *Grenzen,* die *überschritten* werden *müssen,* damit die Kirche die Gemeinde Christi bleibt! Wo aber liegen die Grenzen, und wie sind sie zu finden, zu belegen und in ihrem Wert zu erweisen? Diese von der Dogmatik weithin geklärten Fragen hat das Lehramt noch nicht genügend rezipiert. Bislang begnügte es sich mit der wie ein Gesetz handhabbaren Formel von der «regula fidei». Solange jedoch eine – wenigstens approximative – Abklärung der jeweiligen Aufgaben, also eine nicht nur formale, sondern auch inhaltliche Grenzbestimmung nicht erfolgt ist, vermag auch die Lehre vom Kirchenrecht nichts Brauchbares etwa zur Frage von Lehrbeanstandungsverfahren auszusagen. Alles muß im Formalen bleiben. Dort aber kann man die Wahrheit nicht finden!

Die Geschichte des Kampfes der Orthodoxie gegen jene geistigen Strömungen, die sie für irrig hielt, zwingt zu folgenden Feststellungen:

1. In der Kirche gibt es *keine* human-christliche Tradition für ein angemessenes geistig-geistliches Verfahren, weder zur Feststellung des Irrglaubens noch zu seiner Abwehr. Vornehmlich in der Kirche des Westens gewann die Ortho*doxie* den Vorrang gegenüber der Ortho*praxie.*

2. Diese Tatsache hat ihre Ursache nicht nur in einer verhängnisvollen Bindung der Kirche an die politischen Mächte, sondern gründet in einem fragwürdigen Verständnis vom Wesen der kirchlichen «Lehre» und ihrer Lehrsätze, sowie auf einer unreflektierten Auffassung

von Möglichkeit und Wesen des Rechtes in einer geistig-geistlichen Gemeinschaft.

### *1. Verengung auf satzhafte Formeln*

Es dürfte bezeichnend sein, daß auch die «Neue Verfahrensordnung der Kongregation für die Glaubenslehre» von «Sätzen» ausgeht, «die als falsch oder gefährlich befunden werden». Eben darin drückt sich die Vorstellung eines bestimmten thetischen Denkens und einer reduzierten Theologie aus, die heute keineswegs mehr allgemein anerkannt wird und die auch der sogenannten «Vätertheologie» fremd war. Damit muß ein solches Verfahren generell methodisch dort versagen, wo nicht in Sätzen, sondern in Modellen und umfassenden heilsgeschichtlichen Zusammenhängen gedacht wird. Hierin dürfte also die eigentliche Ursache für den schier unüberbrückbar erscheinenden Konflikt zwischen der Auffassung der Glaubenskongregation einerseits und den Lehrmeinungen moderner Theologen andererseits liegen. Die Kongregation denkt in Sätzen und meint, einzelne Sätze beurteilen zu können, während es den Autoren meist um komplexe Fragen im Ganzen eines Sinnzusammenhangs, der theologischen Methoden und ihrer biblischen Legitimation sowie der historischen und philosophischen Hermeneutik geht. Die Methode der theologischen Aussage ist also oft eine gänzlich andere als die theologische Methode der Instanz, die sie prüfen will. Es ist verwunderlich, daß die Glaubenskongregation diesen methodischen Unterschied nicht zu sehen in der Lage oder willens ist. Wie bei allen großen Streitigkeiten in der Theologiegeschichte geht es auch heute nicht in erster Linie um die Frage der Richtigkeit einzelner Sätze, sondern um theologische Systeme; das war in den Auseinandersetzungen um den Nominalismus und den Molinismus nicht anders als heute.

### 2. *Es muß um geistliche Pflege des Glaubens gehen!*

Aus den angedeuteten Gründen mag einsichtig werden, daß eine punktuelle «Verbesserung» dieser oder jener Norm der Verfahrensordnung das eigentliche Problem, wie nämlich der von Jesus geoffenbarte, von den Vätern durchdachte, von der Kirche tradierte und vom Geist beseelte Glaube geschützt werden kann, nicht zu lösen vermag. Was *notwendig* wäre, ist eine Ordnung, die nicht nur auf die spezifisch geistlich-geistige Eigenart einer am Neuen Testament orientierten und aus der Fülle der Kirche lebenden Theologie Rücksicht nimmt, sondern die ganz auf sie ausgerichtet ist! Was *fehlt,* ist eine theologiegerechte Einstellung des kirchlichen Lehramtes, sich nämlich argumentativ und theologisch, nicht nur verwaltungsmäßig und politisch, mit theologischen Lehrmeinungen auseinanderzusetzen. Dabei könnte es – für beide Seiten – hilfreich sein, sich daran zu erinnern, daß es auch bezüglich der Ausdrucksweisen der Wahrheit hierarchische Abstufungen, legitime Differenzierungen und pastorale Akzentsetzungen geben kann. Es geht also weder um eine «Entmachtung» des kirchlichen Lehramtes noch um die Propagierung einer Beliebigkeitstheologie, sondern vielmehr darum, daß das Lehramt positiv und lebendig das Glaubensgut geistlich pflegt und darstellt und nicht nur nach juristischen Methoden «verwaltet». Da aufgrund der oben angedeuteten Methodendifferenz eine nur verwaltende Ausübung des Lehramtes weder der gegenwärtigen theologischen Denkweise noch ihrer Ausdrucksform gerecht zu werden vermag, setzt sich die Glaubensverwaltung lediglich jeweils erneut der Gefahr aus, Feststellungen zu treffen, die den angesprochenen Problemen nicht gerecht werden. Dadurch wird die Kette solcher «Urteile» fortgesetzt, die sich sehr bald als verfehlt und kleinlich herausstellen, und die nicht nur dem Ansehen dieser Behörde, sondern letztlich dem pastoralen, päpstlichen Lehramt schaden.

Es gibt viele Zeitgenossen, nicht wenige Gläubige und auch manche Theologen, die meinen, die Kirche solle im Vertrauen auf den Beistand des Geistes «alles wachsen lassen bis zur Ernte» und die Falsifizierung irriger Lehren dem Urteil der Geschichte überlassen. Wenn man die Weltgestalt der Kirche und ihre inkarnatorische Zeichenhaftigkeit in der Geschichte ernst nimmt, wird man diesem chiliastischen Enthusiasmus nicht huldigen können. Die Überprüfung theologischer Lehrmeinungen und die argumentative Auseinandersetzung mit ihnen wird in der Kirche, die sich wesentlich als Gemeinschaft im Glauben, in dem *einen* Glauben, versteht, immer wieder nötig sein. Die Tatsache, daß ein Theologe «es gut meint», schützt ihn nicht vor Irrtümern. Aber auch das Lehramt braucht mehr als guten Willen oder die bloße Gewißheit, der Wahrheit teilhaftig zu sein. Geistige Auseinandersetzungen gehören zur Theologie. Weil dabei letztlich immer in irgendeiner Form die Wahrheitsfrage in Rede steht, waren und sind diese Auseinandersetzungen besonders heftig, und sie werden es bleiben. Eben deshalb muß eine Regelung für den Konfliktfall vorgesehen sein, die den wichtigsten theologischen und rechtlichen Erfordernissen entspricht. Es muß also für diese geistig-geistliche Auseinandersetzung eine *wesensgemäße* und *gerechte* Form gefunden und eine *wissenschaftlich* adäquate Plattform geschaffen werden, denn das Feld, auf dem in der Kirche um Fragen der Wahrheit gerungen wird, darf nicht ein Leidensweg des Rechtes sein, bei dem die Gerechtigkeit auf der Strecke bleibt. Wie es keine Wahrheit ohne Liebe gibt, so auch nicht ohne Gerechtigkeit! Wer für die Wahrheit ohne Gerechtigkeit streitet, begeht größeres Unrecht als es der Irrtum ist.

### *3. Auch der «Irrtum» verlangt Antwort*

Wer darum heute für die Verfahrensweise des pastoralen Lehramtes, insbesondere der Glaubenskongregation, Verständnis erwecken will, muß sich nicht nur mit den bösen Fakten der Geschichte dieser Institution konfrontieren lassen, sondern muß auch dartun, *woher* die dogmatisch-lehramtliche Lehre in ihrer historisch bedingten Formulierung ihre Valenz nimmt. Dazu ist im Einzelfall notwendig, daß das pastorale Lehramt die Irrlehre *argumentativ* widerlegt und auf diese Weise ebenso Rechenschaft ablegt von ihrem geistlichen Fundament wie von der Art und Weise, wie sie Begriffe gebraucht, Fragen stellt und auf gestellte Fragen antwortet.

Es geht also gar nicht nur um formale juristische Fragen und verfahrensrechtliche Modalitäten, sondern um die Grundfragen,

1. *ob* und *inwieweit* geistlich-theologische Fragestellungen überhaupt «verfahrensmäßig» beurteilt werden können; (dabei spielt die Frage, ob das auf dem Gerichts- oder Verwaltungsweg geschieht, nur eine untergeordnete Rolle),

2. *woher* das einlinige und einförmige Sprechen von einem Objekt des kirchlichen Glaubens begründet werden kann, bzw. ob nicht eine historische, kritische und dialektische Rede der *christlichen* Theologie angemessen und damit legitim ist.

Nur wenn hierauf eine Antwort gegeben wird, die vor dem *ganzen* Evangelium bestehen kann, darf gehofft werden, daß die Kirche nie mehr Zwang anwendet gegen den, der irrt, und den, der nicht glauben kann oder will. Sonst besteht immer die Gefahr, daß die Kirche dort, wo sie es vermag und soweit sie es vermag, Zwang anwendet. Dann aber ist sie nicht «Zeichen des Heils unter den Völkern», sondern eine Ideologie unter den vielen Ideologien unserer Zeit. Vor allem aber: Sie würde zeigen, daß sie nicht begriffen hat, daß geistliche «Irrtümer» nur auf geistige Weise «aufgearbeitet», niemals aber «erschlagen» werden können. Ja, sie würde im Einzelfall dartun, daß sie eine Anfrage gar nicht verstanden, ein Zeichen der Zeit nicht gesehen hat. Tatsächlich dürfte jede, auch die für irrig gehaltene Meinung eine Frage an die Botschaft der Kirche, eine Herausforderung an ihr pastorales und ihr theologisches Lehramt sein! Solche Anfragen werden nicht dadurch beantwortet, daß sie für irrig erklärt, sondern dadurch, daß sie beantwortet werden[99].

99 Vgl. dazu: *H. Fries*, Feuerbachs Herausforderung an die Theologie, in: Neues Testament und Kirche, Festschrift für Rudolf Schnackenburg,

Das pastorale Lehramt und die Theologie müssen sich darüber klar sein, welche Folgen sich aus dem Abbruch geistiger Prozesse und dem Negieren neuer Denkanstöße ergeben – und, ob sie diese Folgen wollen, wollen dürfen. Die bisherige Methode dürfte letztlich für die Tatsache verantwortlich sein, daß weder die Theologie noch das Lehramt für die Auseinandersetzung mit den heutigen Fragestellungen und ihren theoretischen Reflexionsprozessen vorbereitet sind.

### *4. Sieben Thesen zum «Ritus» einer sachgemäßen Klärung*

Unsere heutigen Prozesse sind ritualisierte Fehden. Das Faustrecht und die Macht des Stärkeren sind durch prozessuale Verfahren gebändigt. Für die theologischen Auseinandersetzungen in der Kirche scheint dagegen – trotz der neuen Verfahrensordnung der Kongregation für die Glaubenslehre von 1971 – noch immer das Faustrecht beziehungsweise der Machtspruch zu genügen. Deshalb sollen nochmals folgende *Thesen* für lehramtliche Auseinandersetzungen mit theologisch suspekten Meinungen zur Diskussion gestellt werden, ohne daß damit die *theologische* Auseinandersetzung um die jeweilige Funktion sowohl des Lehramtes der Theologen als auch des hierarchisch-pastoralen Lehramtes überflüssig wäre oder auch nur herausgeschoben werden dürfte!

Für alle Maßnahmen und Entscheidungen des pastoralen Lehramtes gilt, daß sie «Wahrsprüche» und nicht

1974, 550–573. – Vgl. auch: *W. Kasper*, Zur Diskussion um das Problem der Unfehlbarkeit, a.a.O. 368.

«Machtsprüche» zu sein haben. Die Organe des kirchlichen Lehramtes müssen darum jeden Anschein vermeiden, als würden sie nach absolutistischer Weise und aus Gründen der Kirchenräson entscheiden. Sie müssen dabei in ihrer Informationspolitik wahrhaftig, in ihren Maßnahmen menschlich untadelig sein und formalrechtlich höchsten Anforderungen standhalten können.

1. Bei einem kirchlichen Lehrverfahren muß die «beanstandende» – um nicht zu sagen «anklagende» – Behörde von dem entscheidenden Kollegium ebenso strikt getrennt sein wie von den wissenschaftlichen Gutachtern. Diese sollen in der Regel aus der Internationalen Theologenkommission berufen werden. Gegebenenfalls ist diese Kommission insgesamt um gutachtliche Stellungnahme zu bitten. Wie in jedem Verfahren, das korrekten Rechtsvorstellungen entspricht, muß auch der «Beklagte» das *gesicherte* Recht haben, wissenschaftliche Gutachten zu seiner Verteidigung und zur Erklärung seiner Lehre vorzulegen. Ihm muß – wie für das Verfahren bei der Deutschen Bischofskonferenz vorgesehen – «rechtliches Gehör» gewährt werden.

2. Da es bei diesen Verfahren der Natur der Sache nach gar nicht um einzelne Sätze gehen kann, muß jede fragwürdige These eines Autors im Kontext seiner Arbeit und seiner Veröffentlichung gewürdigt werden. Deshalb muß er zu seiner Verteidigung auch sämtliche Gutachten, Voten und Relationen kennen, da er nur so die Schwierigkeiten, die seine Meinung bereitet, voll zu erkennen vermag. Diese Forderung ist unabhängig davon, ob das in Rede stehende Verfahren als gerichtliches oder verwaltungsmäßiges verstanden wird. Die Offenlegung aller Unterlagen ist heute in den zivilisierten

Rechtsstaaten auch bei Verwaltungsverfahren üblich. Da anders eine wirksame Verteidigung unmöglich ist, darf darum das Recht auf Verteidigung in Verwaltungsverfahren nicht wesentlich schlechter sein als in ordentlichen Prozessen.

3. Wesentlicher Bestandteil des Lehrverfahrens sollte das *wissenschaftlich*-theologische *Kolloquium* sein. Freilich wird man nüchtern bleiben und seinen Wert für den Ernstfall nicht überschätzen dürfen, sofern nicht beide Seiten bereit sind, auf das theologische Anliegen in der Aussage des anderen zu hören. Die Disputation zwischen Professor Eck und Martin Luther sollte ein für allemal warnendes Beispiel sein. Kolloquien solcher Art können eine Krise nur verschärfen! Deshalb müssen sie, sollen sie überhaupt einen Wert haben, von beiden Seiten her «offen» geführt werden, d. h. mit der Bereitschaft, auch die eigene Position in Frage stellen zu lassen. Wenn die Disputanten der Glaubenskongregation in jedem Fall davon ausgehen, daß sie die volle Wahrheit kennen und ihr Gesprächspartner notwendig irre, handelt es sich nicht mehr um ein wissenschaftliches Kolloquium. Darum hat für ein solches Glaubensgespräch der alte Grundsatz zu gelten, «tantum valet quantum probat».

4. Ist die Gefahr großer theologischer Verwirrung und schweren geistlichen Schadens für die Gläubigen ernsthaft zu befürchten, soll ein geistliches Kollegium – etwa das der Kongregation –, aber keineswegs nur die Beamtenschaft, Recht und Möglichkeit haben, die *öffentliche* Erörterung eines eng umrissenen Themas für eine bestimmte Zeit zu *untersagen*. Während dieser Zeit ist die fragliche Lehre in einem förmlichen Verfahren

auf dem ordentlichen Weg zu prüfen und gegebenenfalls eine Sachentscheidung zu fällen. Davon unberührt ist das unbestreitbare Recht des Lehramtes, argumentativ und positiv die Lehre der Kirche darzustellen.

5. Erweist die Untersuchung, daß ein Lehrsystem eines Autors mit der Lehre der Kirche *eindeutig* und *gänzlich* unvereinbar ist, wird dies vom Kollegium der Mitglieder der Kongregation festgestellt und begründet. Damit kann die Auflage verbunden werden, daß der Autor abläßt, die beanstandete Lehre weiterhin vorzutragen. In extremen Fällen, vor allem wenn der Autor – in einer für den christlichen Glauben fundamentalen und wesentlichen Frage – die beanstandete Lehre unverändert und hartnäckig öffentlich vertritt, kann ihm der Verzicht auf sein Lehramt nahegelegt und ihm endlich als äußerste Maßnahme der Status eines Lehrers der Theologie oder eines Presbyters bzw. eines Mitarbeiters der katholischen Kirche abgesprochen werden.

6. In der Regel aber sollten Lehrbeanstandungsverfahren zunächst auf der Ebene der territorialen *Bischofskonferenz* durchgeführt werden. Wenn Lehrfragen schon als in die Kompetenz der allgemeinen geistlichen Verwaltung fallend betrachtet werden, dann sollten die verantwortlichen Bischöfe – unbeschadet des universalen päpstlichen Jurisdiktionsprimates – diesbezüglich die Primärzuständigkeit behalten. Würde das beachtet, bliebe eine echte Rekursmöglichkeit an die höchste Instanz, den Hl. Stuhl. Nach der gegenwärtigen Rechtslage ist es falsch, wenn die Glaubenskongregation behauptet, das Recht der Berufung[100] sei dem Autor garantiert

100 «Berufung» (appellatio) gebraucht die Rechtssprache nur für die Anrufung der nächsthöheren *gerichtlichen* Instanz. Gegen Verwaltungsakte,

durch die allgemeinen Normen des geltenden Rechtes.

7. Die Apostolische Konstitution «Regimini Ecclesiae» stellt ausdrücklich fest, daß die Glaubenskongregation «je nach der Natur der verschiedenen Fälle, im Verwaltungs- oder im Gerichtsverfahren» vorgehen kann (Art. 39). Der nachdrückliche Hinweis des Sekretärs der Kongregation, Monsignore *Hamer*, in seinem Interview, es handle sich bei den Lehrbeanstandungsverfahren «nur» um Verwaltungsverfahren, scheint Ausdruck des Wissens zu sein, daß diese Verfahren einer kritischen Würdigung nach allgemein anerkannten Maßstäben des Rechtsschutzes nicht standhalten können[101].

Deshalb sollten Lehrbeanstandungsverfahren als Vorgänge der Glaubens-*Verwaltung* der verwaltungsge*richtlichen Überprüfung* wenigstens hinsichtlich der Art ihrer Durchführung zugänglich sein. Das würde voraussetzen, daß auch eine diesbezügliche *Entscheidung* der Kongregation eindeutig als «Verwaltungsakt» in bezug auf eine Lehrfrage deklariert und somit gerichtlicher Kontrolle unterstellt wird, was nach dem jetzt geltenten Verfahren nicht möglich ist, weil der Papst in der Regel dem Vorgehen der Kongregation in zwei Stufen seine Approbation erteilt. Eine solche Differenzierung zwischen dem Vorgehen auf dem Verwaltungsweg einerseits und der gerichtlichen Überprüfung anderseits würde allen Beteiligten, dem pastoralen Lehramt, der

wozu nach Meinung der Glaubenskongregation auch die Lehrbeanstandungsverfahren zählen, gibt es nur einen «Rekurs» (Widerspruch) an die nächsthöhere Verwaltungsbehörde oder allenfalls, sofern überhaupt zulässig, Klage an ein Verwaltungsgericht, in unserem Fall jedoch nur theoretisch an die zweite Sektion der Signatura Apostolica.

101 Erzbischof *J. Hamer*, Interview, in: HerdKor a.a.O.

Kongregation für die Glaubenslehre und der Theologie guttun!

## *5. Sperare contra spem*

Niemand kann dem Gesetzgeber Vorschriften machen, wie er seine Verfahren gestaltet. Aber man kann ihn auf Schwierigkeiten, Unzulänglichkeiten und Ungerechtigkeiten hinweisen, die die Ursachen weitreichender Mißverständnisse und herber Kritik sind. Mit den hier gemachten Hinweisen soll ein Brückenschlag zwischen zwei wichtigen Diensten der Kirche versucht werden, zwischen dem Dienst des wissenschaftlichen Lehramtes der Theologie und jenem des hierarchisch-pastoralen Lehramtes. Beide haben dem einen Glauben zu dienen und eingedenk zu sein, daß niemand «einen anderen Grund legen kann, als den, der gelegt ist, Jesus Christus» (1 Kor 3,11). Es genügt in der Kirche nicht allein, nach der Wahrheit zu forschen, es muß auch im Geist der befreienden Botschaft Jesu gerecht und sachgemäß gehandelt werden!

# III. ... UND DIE KONSEQUENZEN? HEILLOSE VERRECHTLICHUNG DER KIRCHE?

Die Botschaft des Evangelium Jesu Christi kann zweifellos viel zur Ausbildung der Menschenrechtsgedanken beitragen; dennoch fällt es der christlichen Kirche, insbesondere der römisch-katholischen, heute offensichtlich schwer, die dem Menschen wesentlichen Rechte in den ihr von der Offenbarung ermöglichten Lebensraum zu integrieren: Noch immer werden die Menschenrechte verdächtigt, einem subjektivistischen Individualismus und damit zutiefst einer umfassenden Säkularisierung, Vorschub zu leisten. Nicht wenige scheinen zu fürchten, daß die Grundlagen der Einheit der Kirche und ihres Bestandes angetastet würden, sollten diese «Abwehrrechte» *gegen* die Kirche geltend gemacht werden. Solches sei nur dem Staat gegenüber möglich und erlaubt; anders als «der» Staat, sei nämlich «die» Kirche eine communio, eine Gemeinschaft der Glaubenden, eine congregatio fidelium. Wen Gott zu dieser Versammlung, Ekklesia, berufen habe, der könne gegen dieses Volk, das er selber aufgrund der Berufung mitkonstituiert, keine Rechte beanspruchen, geschweige denn durchsetzen. In der Kirche gelte darum nur das «Gesetz» der Liebe, *nicht* des Rechtes!

Es soll an dieser Stelle und in unserem Zusammenhang nicht weiter überprüft werden, ob eine solch (verkürzende) Argumentation durch die Geschichte und die Erkenntnisse der Soziologie widerlegt wird. Zunächst sei schlicht daran erinnert, daß bereits die Rede vom «Gesetz der Liebe» ein Widerspruch in sich selbst sein dürfte.

Wenn überdies richtig ist, was *Thomas von Aquin* feststellt, daß nämlich Gerechtigkeit die Bejahung eines Menschen dem anderen Menschen gegenüber ausmache[1], dann können *alle* mitmenschlichen Beziehungen nur tragfähig sein, wenn und insofern sie auf Gerechtigkeit und Recht gründen. Der Aquinate betont darum auch ausdrücklich: «Alle Handlungen aber, die auf den anderen gerichtet sind, bedürfen einer besonderen «Angemessenheit» (rectificatio), nicht nur in bezug auf den Handelnden, sondern auch mit Rücksicht auf den, auf den sie gerichtet sind»[2].

Darum kann es auch keine «Liebe» geben, die nicht auf Gerechtigkeit aufruht, weil und insofern sie das Recht des anderen auf sein eigenes Leben, auf sein Glück und sein Heil anerkennen, bejahen und fördern muß. Folglich kann man nur dort von «Liebe» sprechen, wo diese «Liebe» das *Recht* des anderen vorbehaltlos respektiert, sein Recht auf seine eigene freie Entscheidung, auf seine Selbstentfaltung und das Recht, den Weg seines Lebens selbst zu bestimmen. Sicher kann seine «freie» Entscheidung auch falsch sein. Aber ist der wohlmeinende Zwang «liebender» Anderer wohl richtiger? Wohnt ihm nicht noch mehr die Gefahr des Irrtums inne? Ist beispielsweise mein Wille demjenigen, von dem ich sage, ihn zu lieben, nicht noch gefährlicher als seine eigene Freiheit, weil ich ihn nach meinem Wunsche formen und zu dem machen möchte, was ich selber vielleicht nicht zu verwirklichen vermochte?

1 Summa Theologica II–II, q. 58 art. 2.
2 Summa Theologica II–II q. 58 art. 2 ad 4.

Nur dann also, wenn wir anerkennen, daß der, von dem wir sagen, wir lieben ihn, ein *Recht* auf sein Leben und seine eigene Art, ja auch und gerade auf seine eigene religiöse Entscheidung hat, lieben wir ihn wirklich. Einzig wenn wir ihm hilfreich sind, *sein* Leben zu leben und zu gestalten, lieben wir ihn wahrhaft. Die Liebe verdächtigt die Freiheit der Entscheidung des anderen nicht als freche Anmassung oder schnöden Undank, sondern bejaht sie als ein ihm fraglos, notwendig und unaufgebbar zustehendes Recht!

Alle Beziehungen der Menschen sind darum wesentlich und selbstverständlich durch das Recht *begründet, geordnet* und *umfriedet.* Wie der Mensch seinem Wesen nach *Person* ist, nämlich Rechtssubjekt, Träger von Rechten und Pflichten, – und er gar nicht anders «menschlich» existieren kann –, so ist auch die *Voraussetzung* und *Grundlage* aller menschlichen Beziehung das *Recht.* Dieses verlangt von jedem, daß er das Recht, d. h. die personale Freiheit, die individuelle Eigenart des anderen und die Unabhängigkeit seiner Entscheidungen anerkennt. Das Recht stellt die Regeln auf, nach denen die einzelnen gemäß der Gerechtigkeit ihre Rechte gegenseitig zu achten haben.

Die Kirche, als das *Volk* Gottes, ist eine Gemeinschaft von Menschen. Das Recht Gottes gegenüber den Menschen und seinem Volk sichert Gott selber. Aber selbst dieses Verhältnis bezeichnen die Schriften der Offenbarung als «Bund», «Kindschaft» und «Adoption»; sie sprechen überdies von («Rats-»)«Versammlung» (Ekklesia), von «Knechten» und «Freien», von (Gerichts-)«Herolden» (Aposteln) und «Zeugen» (Martyrern) und schließlich ganz besonders vom «Gericht».

Das *Heils*handeln Gottes an den Menschen erscheint somit in Gestalt von *Rechts*vorgängen! Doch das Verhältnis Gottes zum Menschen unterliegt weder menschlicher Gesetzgebung noch Rechtsprechung; als Gottes freier Tat unterliegt es allein seinem Urteil. Er liebt den Menschen, aber vergewaltigt ihn nicht!

Das Verhältnis *in* dieser Gemeinschaft der Glaubenden jedoch ist wesentlich ein *Rechtsverhältnis.* Es gibt weder Volk, noch Gemeinschaft, weder Bundes-Genossenschaft noch «Sakrament» ohne Recht. Darum ist die Kirche Jesu Christi, als Gemeinschaft von Menschen in der Geschichte, gar nicht denkbar ohne Recht[3]! Der Versuch, «die Kirche zu entrechtlichen wäre darum ein verhängnisvoller historischer Irrtum»[4].

Wenn diese Voraussetzung, die hier nicht näher belegt werden kann, richtig ist, dann darf die Vertiefung des Rechtsbewußtseins und der Schutz auch individueller Rechte in der Kirche nicht als «Verrechtlichung» diskreditiert werden. Anerkennung und Schutz der Rechte des einzelnen sind dann nichts weniger als Zeugnis der Liebe und Verwirklichung des Auftrags des Volkes Gottes in der Geschichte!

Die Tatsache, daß die Kirche gerade für jene, die sich ganz der Gottesliebe überlassen wollen, sehr früh bereits eine Rechtsordnung, nämlich das Ordensrecht, hat ausbilden müssen, mag das Gesagte beleuchten; ja, man kann

3 Es ist eines der großen Verdienste von *H. Dombois* (Das Recht der Gnade, I ²1973; II 1974 insbesondere 65 ff) darauf hingewiesen zu haben. Schon allein der Titel ist ein Programm! – Gleiches gilt für den moraltheologischen Entwurf von *B. Häring* (Das Gesetz Christi, ⁸1967). Auch hier wird als die Grundlage zur Verwirklichung des Liebes*gebotes* das Gesetz als Ausdruck des gerechten Anspruchs Gottes gegenüber dem Menschen verstanden.

4 *H. Dombois,* Das Recht der Gnade II, 1974, 19.

die Satzungen für die Ordensleute, erlassen aus Sorge um ihre Freiheit und ihr eigenverantwortliches Menschsein, geradezu als die Keimzelle allen Rechtes in der Kirche bezeichnen. Auch jene Kanones, die die Flucht aus der Ehe und vor der Last der Kindererziehung – auch aus asketischen Gründen – nicht als heilsam anerkannten, sondern mit dem Anathem belegten, weil die Rechte des anderen Gatten und der Kinder verletzt wurden, mögen hierher zählen[5]. Sie lassen etwas ahnen von dem Wissen um das Recht des anderen. Dies mag es rechtfertigen, wenn – gleichsam als Testfall – an der Konfliktregelung im kirchlichen Zentralbereich, nämlich in Glaubensfragen, geprüft wurde, ob die Beachtung von Menschenrechten in der Kirche grundsätzlich sachlich möglich, theologisch vertretbar und juristisch handhabbar ist.

Vielleicht ist es gelungen zu zeigen, daß es theoretisch möglich ist, im Mittelpunkt des kirchlichen Lebens die Grundrechte (der Wissenschafts- und Informationsfreiheit, eines rechtmäßigen Verfahrens und in gewisser Weise sogar der Gewissensfreiheit) nicht nur als positives Recht der Kirche zu formulieren und verfahrensmäßig zu sichern, sondern auch theologisch und wissenschaftstheoretisch zu rechtfertigen. Es ist also für den innerkirchlichen Bereich legitim und sinnvoll, ja notwendig, die Rechte der Gläubigen zu achten und positiv zu sichern. Darum wäre es nun an der Zeit, Zug um Zug auch den anderen eingangs angesprochenen «Menschenrechten» einen angemessenen Rechtsschutz in der Kirche zukommen zu lassen.

5 Zum Beispiel: Synode zu Gangra in Kleinasien um die Mitte des 4. Jahrhunderts: cc. 14–17; und die Canones Apostolorum can. 51 (bzw. 50).

Wie das Recht allgemein, so haben auch die Menschenrechte in der Kirche ihren notwendigen Ort: Das Recht ist stets geprägt von den gesellschaftlichen, politischen und philosophisch-erkenntnistheoretischen Faktoren einer jeden Epoche. Diesbezüglich macht auch das Recht in der Kirche keine Ausnahme, will es wahres Recht sein. Auch in der Kirche hat das Recht «den Menschen in seiner Beziehung zu anderen» zu ordnen und zu schützen. Auch in der Kirche kommt dem Recht jene doppelte Funktion zu: Einmal, die Rechte des einzelnen zu sichern und zum anderen, die Rechte der vielen einzelnen miteinander in Einklang zu bringen und dadurch dem Gemeinwohl dienstbar zu machen[6].

Dagegen ist weder die Berufung auf die göttliche Gründung der Kirche und ihrer Strukturen noch auf ihren hierarchischen Aufbau ein berechtigter Einwand. Mit dem gleichen Recht hätte dann von Anfang an jede rechtliche Ordnung zugunsten des freien Waltens des *Charismas* der hierarchischen Leitung abgelehnt werden müssen. Das Gegenteil aber war der Fall: Von Anfang an gab es Recht und damit auch Anrechte in der Gemeinde der Jünger Jesu. «Recht» jedoch meint keineswegs die Festschreibung einer Herrschaftsordnung. «Ordnung» kann es auch in einer Tyrannis geben; nicht aber «Recht»! Recht meint, wie schon der Aquinate erkannte, stets ein auf Gerechtigkeit gegründetes, ausgewogenes Verhältnis von sich gegenseitig bedingenden Rechten und Pflichten in einer konkreten Gemeinwohlordnung. Auch die kirchliche Hierarchie hat gegenüber der Gemeinschaft der Gläubigen und gegen den einzelnen

6 Summa Theologica II–II q. 58 art. 5.

Gläubigen keineswegs nur Rechte, sondern auch die unverrückbare Pflicht, die freie Entscheidung des einzelnen nicht nur zu achten, sondern zu fördern. Ohne diese Freiheit, die den Glauben ermöglicht, ist Christsein gar nicht möglich! Das aber ist eine Aufgabe der Kirche insgesamt und der Hierarchie im besonderen: Die Voraussetzungen dafür zu schaffen, daß «das Wort Gottes Frucht bringen kann». Ein Mittel dazu ist heute eine diskrete und sorgsame Achtung der Rechte des Menschen, die für den Christen ihren Grund in der Gottebenbildlichkeit des Menschen und in seiner brüderlichen Gleichheit haben. Nur unter dieser Voraussetzung wird die Botschaft vom menschgewordenen Wort glaubwürdig sein. Darum kommt gerade der Rechtsgestalt der Kirche heute besondere Bedeutung zu. Allein eine wohlgeordnete «Rechtskirche» vermag heute ein liebendes Zeugnis zu geben, das alle politischen und gesellschaftlichen Bedrängnisse zu überdauern vermag.

Freilich hat die Kirche, wenn sie durch gerechte, menschen- und christenwürdige Normen geordnet wäre, jeder anderen menschlichen Vergesellschaftung, sei es Staat oder Gesellschaft, immer noch einen erheblichen «Sinnüberschuß» voraus, der verhüten sollte, daß in der Kirche nur der tötende Buchstabe des Gesetzes regiere. Das macht ja gerade die entscheidende Sinnkompetenz einer wohlgeordneten Rechtsgemeinschaft gegenüber einem gesetzlichen Totalitarismus aus, daß die bestehende Rechtsordnung immer über sich hinausweist; sie ist überdies stets gefordert, sich vor den Grundsätzen der *jeweiligen* Gerechtigkeit, weil des zur Verwirklichung des eigenen Sinnes Notwendigen, zu rechtfertigen. In diesem Sinn hat solches Recht teil am lebendigen Geist und ist es nicht toter und tötender Buchstabe. Für die Kirche mag darum heute das gelten, was *Martin Buber* für ihr Urbild, für Jerusalem, schrieb: «Es gibt Situationen des Volkslebens, in denen das Volk für eine Stunde gleichsam plastisch und das Unmögliche möglich wird. Diese Stunde ist die Chance des Geistes. Vielleicht ist eine solche Stunde nah. An dieses Vielleicht denken wir, wenn wir unseren Dienst tun. Wir würden ihn freilich auch tun, wenn es das nicht gäbe. Denn resigniert oder unresigniert, der Geist arbeitet»[7].

Wenn der Geist in der Kirche arbeitet, warum sollte es ihm dann nicht möglich sein, das Antlitz ihres Rechtes zu erneuern? Doch der Geist wirkt nur, wenn er Echo findet im Geist des Menschen. Das aber setzt die Anstrengung konkreten Denkens voraus.

7 Die Forderung des Geistes und die geschichtliche Wirklichkeit, in: *M. Buber*, Werke I. Schriften zur Philosophie, 1962, 1052–1069; hier: 1069.